**1판 1쇄 발행** 2015년 3월 16일 | **1판 6쇄 발행** 2021년 7월 30일
**2판 1쇄 발행** 2021년 8월 25일 | **2판 3쇄 발행** 2024년 2월 16일
**글쓴이** 전지은 | **그린이** 박종호
**펴낸이** 홍석 | **이사** 홍성우 | **편집부장** 이정은
**편집** 정미진, 조유진 | **디자인** 권영은, 김영주 | **외주디자인** 신영미, 손현주 | **마케팅** 이송희, 김민경
**제작** 홍보람 | **관리** 최우리, 정원경, 조영행, 김지혜
**펴낸곳** 도서출판 풀빛 | **등록** 1979년 3월 6일 제2021-000055호
**주소** 서울특별시 강서구 양천로 583 우림블루나인 A동 21층 2110호
**전화** 02-363-5995(영업) 02-362-8900(편집) | **팩스** 070-4275-0445
**전자우편** kids@pulbit.co.kr | **홈페이지** www.pulbit.co.kr
**블로그** blog.naver.com/pulbitbooks | **인스타그램** instagram.com/pulbitkids

ISBN 979-11-6172-386-0 74330
   979-11-6172-283-2 (세트)

ⓒ 전지은 2015, 2021

*책값은 뒤표지에 표시되어 있습니다.
*파본이나 잘못된 책은 구입하신 곳에서 바꿔드립니다.

**품명** 아동 도서    **사용연령** 8세 이상
**제조국** 대한민국    **제조년월** 2024년 2월 16일
**제조자명** 도서출판 풀빛    **연락처** 02-363-5995
**주소** 서울특별시 강서구 양천로 583 우림블루나인 A동 21층 2110호
**주의사항** 종이에 베이거나 긁히지 않도록 조심하세요.
      책 모서리가 날카로우니 던지거나 떨어뜨리지 마세요.
   KC마크는 이 제품이 공통안전기준에 적합하였음을 의미합니다.

역지사지 생생 토론 대회 8

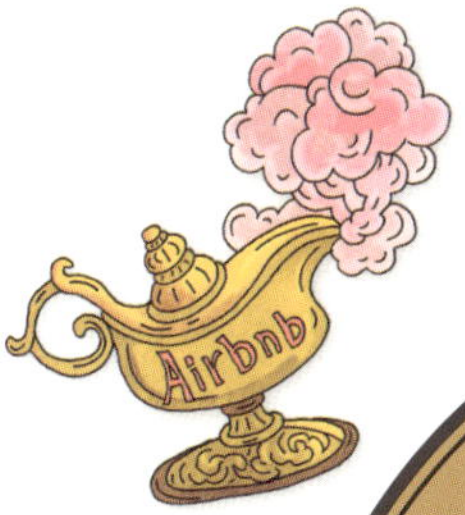


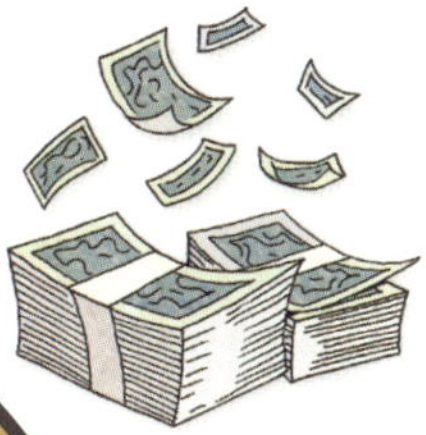

# 자본주의 논쟁

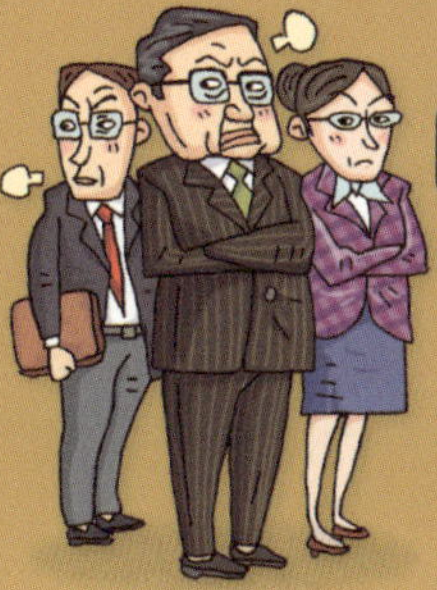

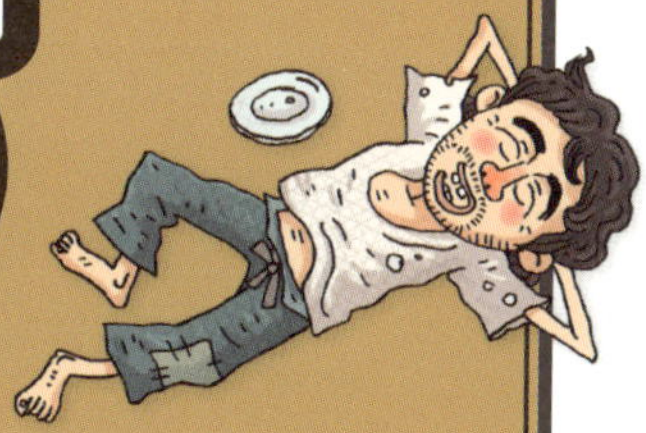

전지은 글 | 박종호 그림

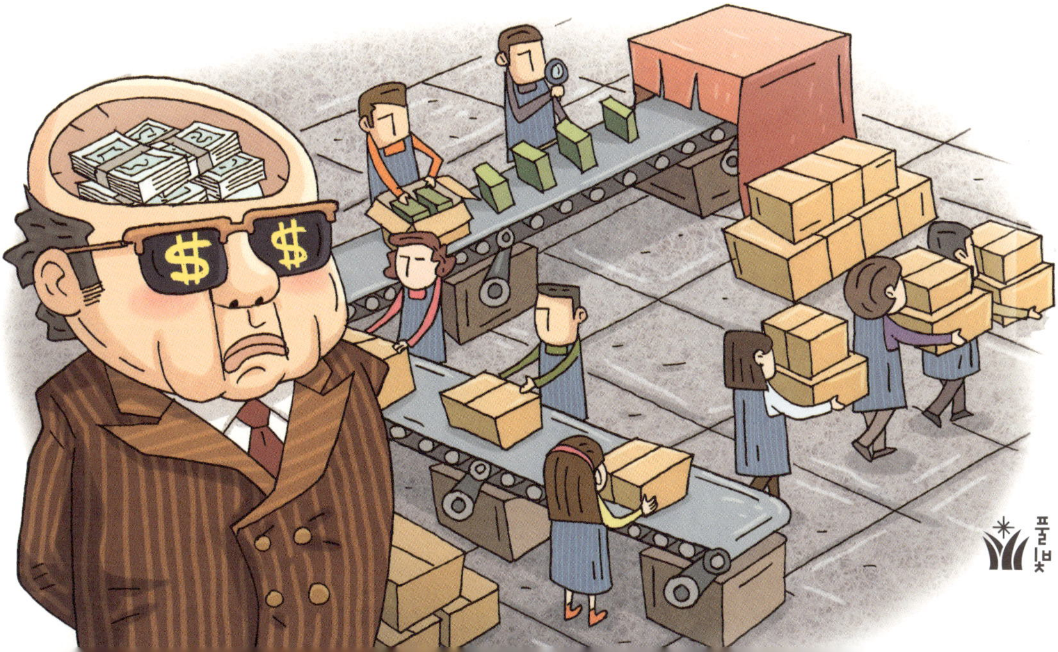

풀빛

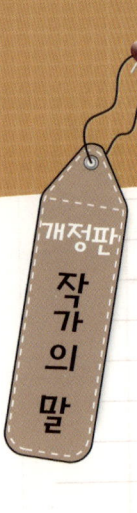

# 우리는 자본주의에 대해
# 얼마나 알고 있나요?

여러분이 가족과 함께 사막을 여행하고 있습니다. 그런데 사막 한가운데서 차가 고장이 나고 말았어요. 구조를 요청하려고 하니 모든 전화가 불통이고, 지나가는 사람도 보이지 않습니다. 그렇게 얼마나 시간이 지났을까요? 누군가가 다가와서 생수 한 병을 내밀며 10만 원에 팔겠다고 합니다. 여러분은 이 생수를 살 건가요? 아마 대부분 살 것입니다.

한국 마트에서 몇백 원에 파는 생수 한 병이 10만 원이라는 값에 팔리는 이유는, 그곳이 사막 한가운데이기 때문입니다. 물이라곤 한 방울도 없는 사막 한가운데에서는 돈보다도 물 한 모금이 더 가치가 있으니까요. 시종일관 뜨거운 햇볕에 온몸이 타들어 가는 듯한 갈증에 시달리다 보면, 10만 원보다 더 비싼 가격에 판다고 해도 생수를 사지 않을 도리가 없을 것입니다.

이처럼 가치에 따라 가격이 결정되고, 결정된 가격으로 제품을 사고팔

며, 그 과정에서 생기는 이익을 개인이 갖게 되는 것이 바로 자본주의의 기본적인 원리입니다.

　이 모든 과정에서 빠지지 않는 하나의 연결 고리가 있지요. 그것은 바로 '돈'입니다. 가격은 제품의 가치에 알맞은 '돈의 크기'이고, 제품을 사고팔 때도 '돈'이 오가며, 개인이 갖게 되는 이익도 역시 '돈'이라는 형태니까요.

　그렇기 때문에 자본주의 사회에서 돈은 곧 경쟁력, 즉 힘이 되기도 합니다. 그래서 돈을 적게 가진 사람들은 더 많은 돈을 가지고 싶어 하고, 돈을 많이 가지고 있는 사람들은 자신이 가진 돈을 지키며 더 많은 돈을 벌어들이려 하지요. 그리고 우리에게는 불법 행위만 아니라면 어떤 일을 해서든 돈을 벌 수 있는 자유가 있습니다.

　그런데 문제는 이 돈이라는 것이 계속해서 생겨나는 게 아니라는 것입니다. 조금씩 늘어나기는 하지만 그렇더라도 돈의 양은 정해져 있기 때문

에 누군가가 많은 돈을 가지고 있으면 누군가는 적은 돈을 갖게 되거나 아예 가지지 못합니다. 바로 여기에서 자본주의의 어두운 면이 나타나게 됩니다.

지금으로부터 6년 전, 우리가 살아가는 자본주의 사회를 보다 자세히 알아보고자 이 책을 썼습니다. 그리고 이번 개정판을 준비하며 그동안 달라진 통계 자료와 제도 등을 수정하였습니다.

나라를 이끌어 가는 사람들이 바뀌고, 그와 함께 많은 정책과 제도가 달라졌습니다. 하지만 자본주의 사회의 밝은 면과 어두운 면은 여전히 함께 존재합니다.

이 책에서는 자본주의 사회의 밝은 면과 어두운 면, 모두를 들여다보고 함께 이야기를 해 보고자 합니다. 우리가 살아가는 데 있어서 돈은 어떤 의미인지, 돈을 벌기 위해 일하는 노동자들의 현실은 어떤지, 거대한

　자본을 가지고 있는 재벌에 대해서는 어떤 생각을 가지고 있는지, 자본주의가 우리 생활에 어떤 영향을 미치는지, 그리고 자본주의의 미래와 대안은 무엇인지…….

　어쩌면 지금까지 생각해 보지 못했던 낯선 이야기일 수도 있습니다. 그리고 '우리가 왜 이런 이야기를 생각해야 하는 거지?'라는 의문이 생길 수도 있습니다.

　그렇지만 분명한 건 우리가 지금 살아가고, 앞으로 살아갈 사회가 바로 자본주의 사회라는 것입니다. 그렇기 때문에 자본주의 사회가 어떤 모습인지, 어떤 문제점이 있고, 어떻게 하면 보다 더 살기 좋은 사회가 될 수 있을지, 한 번쯤은 진지하게 생각해 보았으면 좋겠습니다. 다른 누가 아닌 바로 '우리'의 미래를 위해서 말이지요.

전지은

## 차례

작가의 말　004

### 1장 돈과 사람

사랑도 돈으로 살 수 있을까?　014
돈이 최고 vs 사람이 먼저　019
돈이 주는 행복 vs 사람이 주는 행복　028
돈 주고도 살 수 없는 것　035
돈이냐, 사람이냐 그것이 문제로다　042

### 2장 일하는 사람, 일 시키는 사람

자본가와 노동자　052
노동과 노동 환경　059
비정규직 일자리는 꼭 필요할까?　064
중소기업과 노동자　074
입장 바꿔 생각하기　084

## 3장 우리 사회와 재벌

재벌은 경제 성장의 주역일까?    092
경제 성장과 낙수 효과    098
대형 마트와 재래시장    101
재벌의 책임과 의무    111
재벌은 분배적 정의를 실현하고 있을까?    116

## 4장 우리 생활과 자본주의

방송사와 통조림 회사가 같은 회사라고?    130
언론은 누구의 것일까?    133
광고, 네 정체가 뭐니?    140
자본과 환경    147

## 5장 자본주의, 이대로 괜찮은가?

자본주의와 국가    168
국가의 개입 vs 자유로운 경제 활동    175
자본주의, 대안은 있는가?    182
자본주의의 숙제    195

## 1장
# 돈과 사람

우리는 자본주의 사회에서 살고 있습니다. 이 말은 곧 우리의 삶이 돈과는 떼려야 뗄 수 없는 관계라는 뜻입니다.

돈은 원래 좀 더 쉽게 물건을 교환하려고 만든 것이었습니다. 그렇지만 이제 돈은 원래의 의미만을 갖고 있지 않습니다. 사회가 계속해서 발전하고 복잡해지면서 돈의 중요성은 점점 더 커졌고, 이제는 이 사회를 움직이는 원동력이 사람이 아닌 돈이라고 주장하는 사람들도 있습니다.

우리가 살아가는 사회에서 돈은 얼마나 중요할까요? 정말 사람보다 돈이 먼저일까요? 사회에서 벌어지는 다양한 일들을 통해 돈과 사람의 관계에 대해 함께 생각해 보도록 합시다.

## 경쟁력 강화 팀

돈은 자본주의 사회에서 개인이 노력한 만큼 버는 것이라고 생각해. 돈을 많이 번 사람은 남보다 능력이 뛰어나고 성실하다고 볼 수 있지. 그렇기 때문에 돈은 경쟁력이 될 수 있어. 또 우리가 행복해지려면 맛있는 음식을 먹고, 좋은 옷을 입고, 문화생활도 충분히 즐겨야 해. 이런 것들을 누리려면 돈이 필요하지. 자본주의 사회에서 돈이 주는 행복을 무시할 순 없어.

## 가치 존중 팀

서현　준서　혜린

물건이 필요할 때 물건과 맞바꾸기 위해 만들어진 게 돈이야. 즉, 돈은 교환 수단 그 이상도 이하도 될 수 없어. 겨우 도구에 불과한 돈과 사람을 비교하는 건 말도 안 돼. 그러므로 돈이 경쟁 수단이 된 현재의 사회는 옳지 않아. 돈으로 살 수 없는 것이 더 가치 있는 법이야. 돈이 주는 행복은 오래가지 않지만, 가족이나 친구들이 주는 행복은 그렇지 않거든. 돈보다 사람이 먼저라는 건 잊어선 안 돼.

# 돈과 사람

## 사랑도 돈으로 살 수 있을까?

"어머머, 정말이야? 좋겠다. 정말 부러워."

이모와 전화 통화를 하던 엄마가 갑자기 목소리를 높였다.

"얘, 넌 정말 행복한 줄 알아야 돼. 혜린이 아빠는……."

엄마는 여전히 전화기를 귀에 댄 채 아빠를 무섭게 노려보았다. 아빠는 '내가 왜?' 하는 표정으로 엄마와 혜린이를 번갈아 쳐다보았다.

"그래. 결혼 준비 잘하고, 도움 필요하면 언제든 얘기해. 끊자!"

엄마는 입을 불쑥 내밀며 전화기를 내려놓았다.

"엄마, 이모가 뭐라고 하셨어요?"

"남자친구한테 프러포즈 받았다고 하네."

"우와! 어떤 프러포즈였대요?"

"회사 옆 공원으로 오라고 하더니, 나무에 조명을 밝혀 놓고 현악기 연주를 배경으로……."

"거참, 그게 뭐 대단한 거라고……."

엄마가 꿈이라도 꾸듯 두 손을 모으고 이야기하자 아빠가 불쑥 끼어들었다.

"흥! 대단한 게 아니면 당신은 왜 안 해 주셨대?"

"거, 돈만 들이면 누구나 할 수 있는 걸 뭘 부러워해? 난 내 진심을 전했잖아. 돈으로도 살 수 없는 내 진심!"

"진심? 무슨?"

엄마는 도무지 이해할 수 없다는 표정이었다.

"진심을 담아서 "우리 결혼하자." 그렇게 말했잖아. 기억 안 나?"

"아하하하하! 나 원 참……."

엄마는 어이가 없다는 듯 허탈하게 웃었다.

"이보세요. 진심도 중요하지만 프러포즈는 분위기와 감동이라고요! 꽃다발 하나 없이 맨몸으로 청혼했으면서……."

"하여튼……. 프러포즈가 대체 뭐라고……."

엄마는 입을 삐죽 내밀어 보이고는 주방을 정리하러 들어갔다.

"아빠, 지금이라도 엄마한테 프러포즈 해 드리세요. 조금만 투자하시면 되잖아요."

혜린이가 아빠에게 눈을 찡긋하며 말했다.

"혜린아, 아빠 말이지, 사람의 마음은 돈을 주고 살 수 있는 게 아니라고 생각해."

"아!"

아빠의 말을 듣던 혜린이가 갑자기 뭔가 떠오른 듯 방으로 들어가더니 노트를 가지고 나왔다.

"뭐, 아빠 얘기 적으려고?"

"하하, 그게 아니고요. 며칠 후면 토론반에서 토론 수업을 하거든요. 아빠께 들어야 할 이야기가 좀 있을 것 같아요. 토론 수업은 처음이라 감이 잘 안 와서요."

"그래? 무슨 토론인데?"

"돈과 행복, 돈과 생명, 그러니까 '돈이 최고인가, 사람이 먼저인가?'라는 주제예요."

"그거야 당연히 사람이 먼저지."

"물론 그렇긴 해. 하지만 요즘은 돈 없이 사람답게 살기 힘든 게 현실이야."

어느새 주방에서 나온 엄마가 혜린이 옆에 앉으며 말했다.

"쯧쯧, 너무 욕심내지 않고 풍족한 마음으로 살면 돈 없이도 충분히 사람답게 살 수 있다고……."

"에이, 그건 아니지. 먹고, 자고, 입는 것처럼 가장 기본적인 일에서부터 다 돈이 필요한데 어떻게 돈 없이 살 수 있어?"

"우리가 일해서 버는 돈으로 그 정도는 충분히 할 수 있잖아."

"기본적인 것만 하며 평생을 살 수 있어? 문화생활도 해야지, 교육도 받아야지, 건강도 관리해야지……."

"아, 글쎄 그런 게 계속 더해지면 그게 바로 욕심이라니까. 그럼 점점 돈이 많아지길 원하고, 결국 평생을 돈에 휘둘리며 살게 되는 거지."

그때 혜린이가 두 손을 휘휘 저으며 말했다.

"아아, 잠깐만요. 엄마, 아빠, 계속 똑같은 말만 반복하는 거 아세요? 그런 식으로 토론했다가는 다른 아이들에게 공격만 당할 게 뻔해요. 그럼 저희 팀이 토론에서 밀린다고요."

엄마와 아빠는 '당했다!'는 표정으로 혜린이를 쳐다보았다.

"제가 토론에서 주도권을 쥘 수 있을 만한 이야기, 뭐 없을까요?"

"토론에서 주도권이라……."

아빠는 턱을 괴고 한참을 생각했다.

"아, 그래! 세월호 침몰 사고!"

"세월호 침몰 사고?"

엄마와 혜린이가 동시에 아빠를 쳐다보며 말했다.

"그래. 세월호 사고야말로 사람의 욕심이 만들어 낸 사고지. 일단 낡은 배를 무리하게 운항했고, 거기에 더 많은 짐과 사람을 싣기 위해 크기를 크게 만들었고, 그만큼 화물도 많이 실었고……."

"그뿐인가? 선장은 계약직 직원이었던 데다가 선원 교육도 엉망이었지. 직원들이 제대로 교육을 받으면서 책임감 있게 일할 수 있는 환경이 아니었다고 하잖아. 다 회사 이익 때문에……."

엄마가 아빠의 말을 이었다.

"우와, 두 분 이번에는 마음이 잘 맞으시네요."

혜린이의 말에 엄마와 아빠가 서로 마주보며 웃었다.

"좋은 의견 감사해요. 다른 내용들은 제가 더 찾아볼게요."

혜린이는 노트를 챙겨 들고는 컴퓨터 앞에 앉았다. 그리고 각종 뉴스 기사들과 칼럼들, 백과사전의 내용을 꼼꼼히 찾아보았다.

## 돈이 최고 vs 사람이 먼저

"자, 다들 열심히 준비해 왔겠지?"

드디어 토론 수업이 있는 날, 가운데 책상에 앉은 선생님이 좌우에 날개 모양으로 앉아 있는 여섯 명의 아이들을 둘러보며 물었다. 아이들은 모두 고개를 끄덕였다.

"토론이 진행되는 동안 다른 친구들은 되도록 토론에 참가한 친구들의 말을 경청해 주었으면 좋겠어. 혹시 하고 싶은 말이 있으면 조용히 메모를 해 두세요. 중간 중간 학생 논객들에게도 발언할 수 있는 기회를 줄게요."

아이들은 고개를 끄덕였다.

"그럼 지금부터 '돈이 최고인가? 사람이 먼저인가?'라는 주제로 토론을 시작하도록 하겠습니다."

선생님은 아이들을 둘러보며 말했다.

"우리는 지금 자본주의 사회를 살아가고 있습니다. 자본주의 사회란 돈이나 상품을 만드는 데 필요한 생산 수단, 혹은 노동력을 가진 자본가가 이윤을 얻기 위해 생산 활동을 할 수 있도록 보장하는 사회입니다. 그 이윤이란 다름이 아닌 바로 '돈'이죠. 이처럼 우리는 자본주의 사회를 살고 있으면서도 막상 자본주의에 대해 잘 알거나 느끼지 못한 채 그냥 흘러가듯 살고 있습니다. 그래서 지금 이 시간에는 우리에게 자본주의란 어떤 것인지 생각해 보고 함께 이야기하는 시간을 갖도록 하겠습니다. 지금 선생님 오른쪽에 앉아 있는 친구들이 경쟁력 강화 팀의 김우진, 신가영, 윤민준, 그리고 왼쪽이 가치 존중 팀의 오혜린, 박준서, 이서현입니다."

아이들은 자기 이름이 불릴 때마다 약간은 어색한 표정으로 꾸벅 인사를 했다.

"첫 번째 논쟁거리는 '자본주의 사회에서 돈은 가장 큰 경쟁력일까?'인데요, 두 팀의 주제 발표부터 시작해 보도록 하겠습니다. 준비해 온 친구들 있지?"

민준이와 서현이가 손을 들었다.

"그럼 민준이부터 해 볼까?"

민준이는 준비해 온 자료를 책상 위에서 잠시 정리하더니 말문을 열었다.

"자본주의라는 것은 자신이 가진 능력만큼 돈을 벌 수 있는 경제 체제입니다. 이 말은 곧 돈을 많이 번 사람은 남보다 능력이 뛰어나고 성실하다는 뜻이기도 합니다. 솔직히 '돈이 최고다.'라고 말하면 사람들은 별로 좋아하지 않습니다. 그렇지만 '내가 돈을 벌기 위해 이만큼 많은 노력을 했다.'라고 하면 아무도 뭐라 할 수 없습니다. 곧 돈이라는 것은 그 사람의 성실함이나 능력을 보여 주는 것입니다. 저는 '돈이 최고다.'라기보다는 '돈은 경쟁력이다.'라고 주장하고 싶습니다."

공부도 열심히 하고, 자신이 아는 지식을 자랑하기 좋아하는 민준이가 평소처럼 똑 부러지게 주제 발표를 마쳤다.

"잘 들었습니다. 자, 이번에는 가치 존중 팀의 주제 발표를 들어 보겠습니다."

선생님의 말씀과 함께 연극부 에이스로 감정 표현이 풍부한 서현이가 '흠, 흠' 하며 목소리를 가다듬었다.
　"우리 인류는 원래 자신이 먹을 것과 입을 것, 그리고 잘 수 있는 집을 스스로 구하며 살아갔습니다. 그런데 점점 농사 기술, 사냥 기술이 발전하면서 자신이 먹고, 쓰고도 식량과 물품이 남게 되었지요. 그러자 사람들은 자신에게 남는 것들을 다른 사람들의 남는 것들과 바꾸기 시작했습니다. 물건과 물건을 맞바꾸는 게 불편하고 번거로워지자, 사람들은 조개껍데기나 돌 같은 것을 지금의 돈과 같은 개념으로 사용하게 되었어요. 그리고 그 조개껍데기와 돌이 점점 발전하여 지금의 화폐가 되었지요."
　서현이는 마치 동화 구연을 하듯 몸짓을 섞어 가며 말했다.
　"곧 돈은 '물물교환을 조금 더 편리하게 할 수 있는 도구' 이상의 것이 아니에요. 그렇지만 지금은 돈이 최고의 가치가 되고, 때로는 돈 때문에 사람이 다치거나 죽기도 합니다. 겨우 도구에 불과한 돈과 사람을 비교하는 건 말도 안 된다고 생각해요. 저는 돈과 사람이 토론의 대상이 되는 이 상황 자체가 가슴이 아픕니다."
　서현이는 호소하는 듯한 말투와 침통한 표정으로 주제 발표를 했다. 서현이의 발표가 끝나자 아이들은 일제히 선생님을 쳐다 보았다.
　"서현이가 아주 귀에 쏙쏙 들어오게 주제 발표를 잘해 주었어요. 자, 이제 본격적으로 토론을 시작할 텐데요, 상대 팀에게 반대 의견이 있는 사람이 먼저 나서서 이야기를 시작해 볼까요?"
　선생님은 좌우를 살펴보았다. 아이들은 쭈뼛쭈뼛 눈치만 볼 뿐 쉽사리 손을 들지 못했다.

"흠, 어쩌나? 아무나 시킬 수도 없고……."

선생님이 팔짱을 끼며 몸을 의자에 기댔다. 그때였다. 민준이가 손을 번쩍 들었다. 선생님은 민준이에게 이야기를 해 보라는 손짓을 했다.

"돈 때문에 사람이 다치거나 죽기도 한다고 했는데요, 혹시 구체적인 사례가 있나요?"

서현이는 그럴 줄 알았다는 듯, 가지고 있던 자료 뭉치 중에서 종이 한 장을 꺼냈다.

"2014년 1월, 목포시에서 주식 투자에 실패한 부부가 아들과 함께 목숨을 끊겠다며 아들의 방에 번개탄을 피운 사건이 있었어요. 다행히 아들은 누나에게 발견되어 생명을 건질 수 있었지요. 뿐만 아닙니다. 같은 해 2월에는 서울 송파구에 살고 있던 세 모녀가 경제적인 어려움에 시달리다가 함께 목숨을 끊었어요. 이 세 모녀는 주인집에 내야 할 마지막 월세를 봉투에 넣어 둔 채 목숨을 버려 많은 사람들을 안타깝게 했지요."

"그건 자살이잖아요. 자살 말고 범죄 사례 같은 건 없나요?"

민준이는 은테 안경 너머로 눈빛을 반짝이며 서현이를 쳐다보았다.

"아직 발표가 안 끝났는데……. 2013년 8월에는 추락 사고로 다친 딸을 치료하지 않아 하반신 마비를 만든 엄마가 있었어요. 치료하지 않은 이유는 보험금(보험 사고가 발생했을 때 계약에 따라 보험 회사에서 지급하는 돈)을 계속 타기 위해서였지요. 또 같은 해 11월에는 강도가 편의점에 들어가 돈을 빼앗으려다 여종업원을 살해하는 일이 있었습니다. 당시 편의점 안에는 태어난 지 8개

월 된 종업원의 아기가 함께 있었고, 이 종업원은 아기가 다칠까 봐 꼭 끌어안은 채 세상을 떠나고 말았지요."

아이들이 안타까운 표정을 지으며 서현이와 민준이를 번갈아 쳐다보았다.

"지금까지 이야기한 것은 몇 가지의 사례일 뿐입니다. 단지 뉴스에 나왔던 몇 가지 사건으로 '돈 때문에 사람이 다치거나 죽는다.'고 주장할 수는 없다고 생각합니다. 혹시 범죄 통계 같은 건 준비하지 않았나요?"

민준이의 질문에 서현이는 말없이 자료를 뒤적였다.

"그 정도는 당연히 준비해야 하는 것 아닙니까?"

서현이가 입을 열지 못하자 민준이는 서현이를 날카롭게 쏘아보았다. 서현이의 얼굴은 점점 더 빨갛게 달아올랐다. 교실에는 잠깐 동안 침묵이 흘렀다.

"하하, 너무 몰아붙이지는 말고……. 혹시 가치 존중 팀에서 서현이 말에 덧붙일 사람 있나요?"

혜린이는 심호흡을 한 번 하고 손을 들었다.

"그래. 혜린이가 이야기해 볼까?"

혜린이는 '흠, 흠' 하고 헛기침을 한 다음 이야기를 시작했다.

"저는 돈 때문에 사람이 죽거나 다친 경우를 생각하다가 2014년 4월 16일에 일어난 세월호 침몰 사고를 떠올리게 됐습니다."

아이들의 입에서는 '아!' 하는 탄성이 터져 나왔다.

"세월호 침몰 사고는 범죄가 아니잖아요!"

> ### 해운법과 과적 운행
>
> 원래 해운법(해상 운송의 질서를 위한 법률)상 배를 운행할 수 있는 기간은 20년이다. 그러나 2009년에 기업이 수익을 많이 얻을 수 있도록 규제를 완화한다며 그 기간을 30년으로 늘렸다. 원래의 해운법 대로라면 만든 지 18년이 된 세월호는 우리나라에 수입될 수 없는 배였다. 이후 세월호는 내부 리모델링을 통해 객실과 화물칸을 크게 만들었는데, 그 결과 원래 804명이던 정원은 914명으로 늘어났고, 6,586톤이던 화물의 적재정량(운송 수단에 실을 수 있는 분량)은 6,825톤으로 늘어났다. 또한 사고 당일인 2014년 4월 16일, 세월호는 차량 150대와 화물 675톤을 실었다고 보고하였으나 실제로는 차량 180대, 화물 1,157톤을 실었던 것으로 밝혀졌다.

민준이가 성급하게 끼어들었다. 선생님은 민준이를 향해 그만하라며 손바닥을 들어 보였다. 민준이는 풀이 죽은 얼굴로 책상만 내려다보았다.

"세월호 침몰 사고는 사망자와 실종자를 합쳐 300명이 넘는 정말 엄청난 사고였습니다. 그런데 이 사고가 정말 교통사고나 자연재해처럼 어쩔 수 없이, 또는 우연히 일어난 사고였을까요?"

혜린이의 말투가 어느새 시사 프로그램 진행자처럼 바뀌어 가고 있었다. 아이들 사이에서는 킥킥대는 소리도 들려왔다.

"저는 그렇지 않다고 생각합니다. 세월호라는 배는 1994년에 일본에서 만들어진 배였습니다. 일본에서 18년간 운행하다가 2012년에 우리나라의 청해진 해운이 사들인 것이었지요. 그런 후에 청해진 해운은 사람과 화물을 더 많이 싣기 위해 객실과 화물칸을 더 크게 만들었습니다. 처음부터 낡은 배를 사 와서 차량과 화물을 무리하게 많이 실었기 때문에 결국

이 배는 균형을 잃고 침몰했고, 300여 명의 소중한 생명이 안타깝게 희생되었습니다."

준비해 온 자료를 읽는 내내 혜린이는 몇 번이나 입술을 깨물었다. 듣고 있는 아이들도 모두 안타까운 표정이었다. 민준이 역시 한참 동안 말이 없었다.

"저기, 그런데요. 회사 입장에서는 그렇게 해서라도 이익을 내야 운영할 수 있는데……."

평소엔 꽤나 수다스럽지만 이번 토론에서는 유난히 말이 없었던 우진이가 조심스럽게 입을 열었다. 그러자 교실 이곳저곳에서 아이들의 목소리가 터져 나왔다.

"뭐야? 그게 무슨 소리야?"

"쟤 진짜 웃긴다. 사람이 죽더라도 회사만 살면 된다 이거야?"

그러자 우진이가 아이들을 향해 고개를 돌렸다.

"나도 이런 말 하고 싶은 거 아니야! 하지만 토론이잖아!"

우진이는 억울한 듯 인상을 찌푸리며 소리쳤다.

"다들 왜 이러지? 지금 우리는 싸우는 게 아니라 토론 수업을 하고 있는 거예요. 토론하는 친구들이 이야기를 할 땐 귀 기울여 들어 주는 것이 예의잖아. 그리고 토론하는 친구들도 주변 상황에 너무 흔들리지 않도록 합니다."

선생님의 말씀에 교실은 조용해졌다.

"자, 우진이의 질문은 다들 들었을 테니까, 가치 존중 팀의 답변을 들어 볼까요?"

혜린이는 한숨을 한 번 내쉰 뒤 말했다.

"물론 회사를 잘 운영하려면 돈을 많이 벌어야 합니다. 하지만 배가 위험한 교통수단인 것을 뻔히 알면서 짐을 많이 싣고, 선장과 직원들은 1년만 일하고 그만두는 계약직으로 뽑아 책임감이 없도록 만들었고, 안전 교육조차 제대로 하지 않았던 점은 아무리 회사 운영이 어려웠다 하더라도 이해할 수 없습니다. 이렇게 많은 사람들의 목숨을 앗아 가고, 온 나라를 슬픔에 빠지게 하면서까지 번 돈이 얼마나 떳떳할 수 있을까요? 아무리 우리가 살아가는 세상에서 돈이 중요하다고 하지만, 저는 사람보다 중요한 것은 없다는 걸 이번 세월호 침몰 사고를 통해 깨달았습니다."

아이들은 누구라고 할 것 없이 고개를 끄덕였다.

## 돈이 주는 행복 vs 사람이 주는 행복

"흠, 혜린이가 굉장히 강한 주제를 가지고 나왔네요. 가치 존중 팀에서는 여러 가지 사례, 그리고 세월호 침몰 사고의 사례를 통해 '돈보다 사람이 먼저다.'라는 주제를 잘 이야기해 주었습니다. 자, 그렇다면 이번에는 앞서 민준이의 주제 발표에 대한 반대 의견이나 질문 있으면 해 볼까요?"

서현이가 가장 먼저 손을 들었다.

"주제 발표의 내용을 요약하면 돈은 경쟁력이라는 것이었는데, 대체 어떤 의미의 경쟁을 말하는 것입니까?"

민준이는 기다렸다는 듯 고개를 끄덕이며 말문을 열었다.

"저도 사례를 먼저 이야기해 보겠습니다. 미국 오하이오주의 한 고등학교에서는 출석을 잘하거나 숙제를 잘하면 말로만 칭찬을 하는 대신 일주일에 한 번씩 돈을 줍니다."

"우와!"

아이들이 일제히 탄성을 질렀다.

"그 결과 이 학교의 출석률은 15퍼센트나 높아졌다고 해요. 이 학교에서 돈을 많이 받는다는 것은 그만큼 출석을 잘하고 숙제도 잘해 왔다는 뜻입니다. 이 제도를 도입하고 나서 학생들의 문제 행동도 눈에 띄게 줄

어들었다고 했습니다. 학생들 입장에서도 돈도 받고 성실하게 학교생활을 해서 성적도 올릴 수 있기 때문에 일석이조의 효과를 얻을 수 있습니다."

민준이의 말을 들으며 뭔가를 곰곰이 생각하던 준서가 여느 때와 다름없이 침착한 표정으로 손을 들었다. 선생님이 준서에게 말해 보라며 손짓을 했다.

"그건 좀······. 저는 교육과 돈을 맞바꾸는 게 옳은 건가 하는 의문이 듭니다."

"저기, 거기에 대해서는 제가 할 말이 있는데요."

가영이가 민첩하게 손을 들며 날카로운 목소리로 말했다.

"이런 사례는 꼭 미국의 고등학교가 아니더라도 우리 주변에서도 흔히 볼 수 있어요. 제가 다니는 학원에서는 성적이 오르면 피자 파티를 해 주거든요. 그리고 부모님도 평소에 우리가 뭔가를 갖고 싶어 하면 '성적이 오르면 사 주겠다.'라고 하잖아요. 돈으로 주지 않을 뿐이지, 우리의 노력을 보상한다는 것은 미국의 고등학교 이야기와 다를 게 없다고 생각합니다."

"그게 옳다고 생각해요?"

서현이가 발끈하며 외쳤다.

"돈을 받기 위해, 갖고 싶은 물건을 갖기 위해 공부를 한다는 게 옳은 일인가요? 다 자신을 위해서 하는 일인데 뭔가를 바란다는 건 옳지 않아요!"

"그게 왜 옳지 않은 일인가요? 누군가가 내가 노력한 것을 알아주고 돈이든 선물이든 주면 좋잖아요. 내가 한 일에 대해 정당한 대가를 받는

게 어때서요?"

가영이는 싱긋싱긋 웃으면서 말했다. 역시 말싸움이라면 진 적이 없는 가영이다웠다. 서현이는 부글부글 끓는 마음이 가라앉지 않아서 계속해서 씩씩대기만 했다. 그러는 와중에 준서가 조용히 손을 들었다.

"저는 돈이 경쟁력이라는 것도, 한 일에 대해 정당한 대가를 받아야 한다는 말도 어느 정도 일리가 있다고 생각합니다."

혜린이와 서현이가 동시에 '무슨 소리야?' 하는 표정으로 준서를 노려보았다. 준서는 둘의 눈빛을 외면하며 묵묵히 말을 이어 갔다.

"그렇지만 돈이 주는 힘이나 행복은 오래가지 못한다고 생각합니다. 그 돈을 다 써 버리거나, 더 많은 돈을 갖고 싶은 욕심이 생기면 더 이상 행복하지 않을 것이기 때문입니다. 그렇지만 가족이나 친구들이 만들어 주는 행복은 그렇지 않습니다. 그들이 주는 행복은 다 쓴다고 해서 없어지는 것도 아니고, 특별히 욕심을 부릴 필요도 없기 때문입니다. 저는 사람이 주는 행복이 돈이 주는 행복보다 더 강하고 오래 계속된다고 생각합니다."

평소에 책을 많이 읽는 준서는 마치 책의 한 구절 같은 말로 발언을 마무리했다.

"음, 새로운 의견이네. 돈이 주는 행복과 사람이 주는 행복이라······."

선생님이 책상 앞으로 몸을 기울이며 말했다.

"제가 덧붙일 말이 있는데요."

서현이가 급히 손을 들며 말을 꺼냈다.

"저 역시 준서처럼 사람이 주는 행복이 훨씬 더 크다고 생각해요. 그렇기 때문에 돈 때문에 사람이 힘들거나……, 음 그러니까……."

서현이는 마땅한 말이 생각나지 않는 듯 고개를 갸웃거리다 곧 말을 이어 갔다.

"아, 불행해서는 안 된다고 생각합니다. 그런데 우리 사회에서는 돈 때문에 불행한 사람들이 너무 많아요. 돈이 별로 없어서 불행하기도 하고, 돈 때문에 소중한 인권을 짓밟혀 불행한 사람들도 있어요. 이런 사람들이 있는 한 우리 사회는 행복할 수 없습니다."

서현이의 말이 끝나기 무섭게 우진이가 말문을 열었다.

"꼭 그렇게만 생각할 순 없어요. 할머니나 할아버지, 부모님의 이야기를 들어 보면 예전에는 지금보다 훨씬 가난하고 살기 힘들었다고 합니다. 지금이 예전보다 더 살기 편해진 이유는 많은 사람들이 예전보다 돈을 더 많이 벌어서 생활 수준이 높아졌기 때문입니다."

"편하게 살기 위해 돈을 버는 걸 욕심이라고 하는 게 아니에요. 편하게 살 수 있을 만큼 돈을 충분히 벌고도 더 많은 돈을 갖고 싶어 하는 게 욕심이라는 거죠. 그리고 그렇게 돈을 벌고 나면 자기보다 돈을 벌지 못한 사람들의 인권을 짓밟기도 합니다. 가난한 건 죄가 아닌데 마치 죄인처럼 취급하는 건 정말 큰 문제라고 생각합니다."

혜린이가 차분한 말투로 자신의 의견을 펼쳤다.

"가난한 게 죄라고 한 적 없습니다. 다만 돈을 많이 번 사람들은 그만큼 노력을 했다는 거죠. 노력한 만큼 행복을 누리는 건 당연한 것 아닐까요?"

민준이가 반 아이들을 쳐다보며 동의를 구하는 듯한 표정을 지었다.

"자, 이쯤 해서 우리 학생 논객들의 의견도 한번 들어 볼까요? 하고 싶은 이야기가 있는 친구?"

선생님이 아이들을 둘러보았다. 아이들은 서로의 얼굴을 쳐다보며 눈치를 살폈다.

"저기……."

그때 지호가 손을 들었다. 선생님은 지호에게 일어서서 이야기하라는 손짓을 했다.

"저희 사촌 형이 사는 동네에는 아파트와 달동네가 함께 있는데, 아이들은 모두 같은 학교를 다닌다고 해요. 그런데 아파트에 사는 아이들이 달동네에 사는 아이들을 가난하고 공부도 못한다며 엄청 무시한다고 합니다. 학교에서 싸움이라도 나면 선생님들도 달동네 아이들을 더 많이 혼낸다고 하고요. 얼마 전에는 어느 고급 아파트 주민들이 근처의 작은 아파트에 사는 아이들이 자기들이 사는 아파트를 가로질러 학교에 가지 못하게 하려고 담장을 쳤다는 뉴스도 봤습니다. 자기보다 가난하다고 해서 함부로 대해도 되는 걸까요? 생각해 볼 문제라고 생각합니다."

지호의 발표를 듣고 있던 현지도 손을 번쩍 들었다.

"저는 무엇보다 어린이들까지 그런 생각을 한다는 게 더 큰 문제라고 생각합니다. 사실 어린이들은 자기가 노력해서 돈을 번 게 아니잖아요. 그런데도 가난한 아이들을 무시하고 어울리지 않으려고 한다는 것은 정

말 슬픈 일입니다. 가난한 건 어린이들이 노력한다고 해서 극복할 수 있는 게 아닌데, 그런 일로 무시당한다면 '돈 없다고 사람대접도 못 받는 건가?'라는 생각이 들고, 정말 화가 많이 날 것 같습니다."

현지가 자리에 앉자 교실은 물을 끼얹은 듯 조용해졌다.

"자, 혹시 반대 의견이 있는 친구들은 없나요?"

선생님이 교실을 둘러보며 물었지만 아이들은 묵묵부답이었다.

"아후, 이게 뭐야? 토론이면 반대 의견도 있어야 하는 것 아닌가?"

민준이가 불만스러운 표정을 지으며 낮은 소리로 중얼거렸다. 그러자 선생님이 지호와 현지가 발표하는 동안 해 둔 메모를 보며 말했다.

"우리 주변에서 일어나고 있는 일들을 통해 가난한 사람의 인권을 이야기해 준 지호, 그리고 어른들의 편견이 어린이들에게 미치는 영향에 대해 이야기해 준 현지, 두 친구의 의견 아주 잘 들었습니다. 그럼 다음 이야기로 넘어가 보도록 할게요."

## 돈 주고도 살 수 없는 것

"자, 토론이 이제 거의 막바지로 접어들고 있는데요, 지금까지 우리는 돈과 사람에 대해 양쪽의 다양한 의견들, 그리고 학생 논객의 의견들을 들어 보았습니다. 그렇다면 지금부터 두 번째 주제인 '돈을 주고도 살 수 없는 가치가 있을까?'에 대해 이야기해 보겠습니다. 이 이야기를 하면서 자연스럽게 오늘 토론이 마무리될 수 있을 것 같습니다. 어느 팀이 먼저 이야기를 시작할까요?"

선생님의 말이 끝나자 혜린이가 자신감에 찬 표정으로 손을 들었다. 선생님은 혜린이를 향해 고개를 끄덕였다.

"돈이 많으면 편하게 살 수 있지만, 저는 이 세상에 돈으로는 살 수 없는 소중한 것들이 더 많다고 생각합니다. 지금까지 우리가 이야기했던 생명과 인권도 돈과는 비교할 수 없는 소중한 가치입니다. 그런가 하면 우정이나 사랑, 건강, 자연 등등 돈으로 살 수 없는 것들은 셀 수 없이 많습니다."

혜린이의 이야기가 끝나기만을 기다렸다는 듯 민준이가 손을 들었다.

"물론 우정이나 사랑, 건강, 자연은 눈에 보이는 것이 아니기 때문에 물건처럼 돈으로 주고받을 수는 없습니다. 그렇지만 우정과 사랑을 무엇으로 확인할 수 있을까요? 만나서 맛있는 음식을 함께 먹고, 취미 생활을 함께 하고, 특별한 날 선물을 주고받거나 파티를 하면서 서로의 마음을 확인할 수 있습니다. 그리고 건강을 지키기 위해서는 운동을 하거나 병원에서 검사를 받아야 합니다. 자연도 마찬가지입니다. 가만히 있는다고 해서 환경이 깨끗해지는 건 아니잖아요? 이 모든 일에는 돈이 듭니다."

민준이의 말이 끝나자 아이들이 웅성거리기 시작했다.

"민준이 말도 맞는 것 같아."

"맞아, 맞아."

골똘히 생각에 잠겨 있던 혜린이가 손을 들었다.

"얼마 전에 저희 이모가 남자 친구에게 프러포즈를 받았습니다. 현악기 연주와 은은한 조명이 어우러진, 우리가 텔레비전에서 가끔 볼 수 있는 그런 로맨틱한 프러포즈였습니다. 아마 이모의 남자친구는 프러포즈를 위해 많은 돈을 썼을 거예요. 그런데 저희 부모님은 그런 프러포즈 없이 결혼을 하셨습니다. 그렇지만 지금은 남들이 모두 부러워할 만큼 행복하게 잘 사세요. 저희 아빠는 '사랑하는 마음이 중요한 거지, 그걸 드러내는 것은 별로 중요하지 않다.'고 말씀하셨습니다. 사랑을 확인하기 위해 꼭 돈을 들여야 하는 건가요? 서로를 아끼고 사랑하는 마음만 크다면 되는 것 아닌가요?"

혜린이의 말을 듣던 서현이가 크게 고개를 끄덕였다. 그런데 그때, 민준이가 급히 손을 들면서 동시에 말을 꺼냈다.

"물론 프러포즈를 하지 않아도 사랑하는 마음을 전달할 수는 있습니다. 그렇지만 누구나 로맨틱한 프러포즈를 받으면 더 행복해지는 것은 사실이잖아요. 그리고 그렇게 행복한 상대방의 모습을 보면서 자신도 더 행복해지고요."

우진이와 가영이가 크게 고개를 끄덕였다.

"그렇지만 꼭 돈을 써야만 행복해지는 것은 아니에요."

서현이가 얼굴을 붉히며 말했다.

"돈 없이도 행복할 수 있는 방법은 무엇인가요?"

가영이가 고개를 갸웃거리며 물었다.

"이 주제에 대해 집에서 언니와 이야기를 하다가 언니가 다큐멘터리 한 편을 보여 주었어요. 인도에 있는 브록파 마을의 사람들은 꽃을 돈보다 더 중요하게 생각하고, 직접 만든 음식을 서로에게 선물하고, 부모님에게 물려받은 장신구를 사랑의 증표로 건네면서 좋아했어요. 돈이 전혀 없는데도 충분히 행복하게 살아가고 있었어요. 그리고 솔로몬 제도의 아누타 섬에도 돈은 없어요. 그렇지만 마을 사람들이 함께 물고기를 잡아 나누

어 먹고, 슬픈 일이 있을 땐 모두 모여 함께 눈물을 흘리고, 또 즐거운 일이 있을 땐 춤을 추고 노래를 부르면서 행복하게 살아가고 있습니다. 이 사람들에게도 돈이 전혀 중요하지 않아요."

"그렇지만 미개하잖아요."

가영이의 한 마디에 아이들이 술렁거렸다. 가영이는 '훗' 하고 웃어 보이고는 말을 이어 갔다.

"그렇게 따지면 우리도 돈 없이도 행복하던 때가 있었습니다. 고조선 시대나 삼국 시대에는 먹는 것, 입는 것, 잠잘 곳만 있으면 행복했을 거예요. 그때는 화폐가 제 역할을 하지 못했을 때니까요. 그렇지만 지금은 그렇지 않습니다. 눈만 돌리면 맛있는 음식들과 좋은 옷이 보여요. 어디 그뿐인가요? 음악도 들어야 하고, 영화도 봐야 하고, 운동도 해야 하고, 공부를 더 잘하기 위해 학원도 다녀야 하고……. 해야 할 일들이 너무나 많습니다. 만약 어느 날 갑자기 세상이 확 바뀌어서 돈이 없어지고, 그 인도의 마을이나 섬사람들처럼 살아가야 한다면, 우리는 과연 행복할까요?"

아이들이 고개를 끄덕였다. 가영이가 이야기하는 내내 입술을 꾹 깨물고 있던 서현이가 천천히 말문을 열었다.

"그 사람들이 왜 미개할 거라고 생각하나요? 그들은 미개한 게 아니라 돈이 아닌 다른 것에서 행복을 느끼는 거예요. 물론 지금 당장 우리에게 돈이 사라진다면 당분간은 불편하고 힘들지도 모릅니다. 그렇지만 시간이 흐르고 그 생활에 익숙해지고 나면 우리는 돈보다 더 소중한 다른 행복들을 찾을 수 있게 될 거예요. 아니 오히려 그런 행복들에 비하면 돈은 아무것도 아니었다고 생각하게 될 겁니다. 저는 분명히 그럴 것이라고 생각합니다."

서현이가 단호하면서도 부드러운 말투로 발언을 마쳤다. 그러자 우진이가 한숨을 한 번 내쉬고는 손을 들었다.

"그런데요, 다른 마을이나 섬에서 돈 없이도 행복하게 사는 것이 지금 우리가 사는 것과 무슨 상관이 있나요? 아무리 그 사람들이 행복하다고 해도 당장 우리는 돈이 없으면 행복하게 살 수 없습니다. 모두 그렇게 생각하잖아요?"

우진이가 아이들을 쳐다보며 물었다. 고개를 끄덕이는 아이들이 많았다. 서현이가 다급한 듯 다시 손을 들었다.

"그 사람들도 우리와 똑같은 사람들입니다. 다만 환경이 다른 것뿐이지요. 우리도 그 사람들과 똑같은 환경에 놓이면 똑같이 생각하고, 생활하게 될 것입니다."

우진이는 답답해 죽겠다는 듯 한숨을 푹푹 쉬며 말했다.

"그것도 그냥 상상일 뿐이지, 당장 우리에게 돈이 사라지고, 그 사람들에게 돈이 생겨날 리가 없잖아요. 그렇다면 상상 속의 이야기를 할 게 아니라 우리가 지금 살아가는 상황 속에서 이야기를 하는 게 맞지 않나요? 지금 우리는 돈이 없으면 행복은커녕 기본적인 생활조차 못 합니다. 이러한 현실에 맞는 이야기를 해야 옳다고 봅니다."

"어우, 답답해. 말이 안 통해. 말이……."

서현이는 내내 한숨을 쉬며 혼잣말로 중얼거렸다.

"우진이의 의견에 반대 의견 있나요?"

선생님이 서현이의 얼굴을 한 번 쳐다보았다. 서현이는 더 이상 말하기도 싫다는 듯 고개를 절레절레 저었다. 우진이도 벌겋게 달아오른 얼굴로 칠판만 응시하고 있었다.

## 돈이냐, 사람이냐 그것이 문제로다

심상치 않은 표정을 하고 있는 우진이와 서현이를 번갈아 쳐다보던 선생님은 두 손을 모아 쥐며 말했다.

"자, 지금까지 서로 반대되는 의견을 가진 두 팀의 토론을 들어 보았습니다. 가치 존중 팀에서는 사랑이나 우정, 행복과 같이 눈에 보이지 않는 가치는 돈으로 살 수 없을 만큼 소중한 것이라는 주장을 했고, 경쟁력 강화 팀에서는 자본주의 사회에 살고 있는 한 이 모든 가치들 역시 돈과 밀접한 관계를 맺고 있다는 주장을 했지요."

선생님은 싱긋 웃더니 교실을 둘러보았다.

"여러분도 두 팀의 입장이 어떤 것인지, 보다 공감되는 쪽은 어떤 쪽인지 마음속으로 생각해 보았나요?"

"네!"

아이들이 고개를 끄덕이며 소리쳤다.

"자, 이제 마무리를 해야 할 것 같은데, 토론을 지켜보았던 학생 논객들 가운데 한 명이 대표로 오늘 토론에 대한 이야기를 좀 해 줬으면 좋겠어. 누가 할까?"

회장인 성민이가 손을 들었다.

"그래. 성민이가 한번 이야기해 보자."

"무엇보다 토론팀 친구들이 준비를 하느라 고생했을 것 같다는 생각이 먼저 들었습니다. 저는 지금까지 당연히 돈보다는 사람이 먼저라는 생각을 하고 있었습니다. 그렇지만 토론하는 걸 보면서 상대방 의견에도 일리가 있다는 생각이 들었습니다. 그렇다고 해서 제 생각이 완전히 바뀐 것은 아니지만, 상대방 의견에 대해 더 많은 생각을 할 수 있는 기회가 된 것 같습니다."

성민이의 말이 끝나자 아이들이 박수를 쳤다. 성민이는 빙긋이 웃으며 손으로 V자를 그렸다.

"성민이가 오늘 토론의 의미를 아주 잘 얘기해 준 것 같아요. '돈이 최고인가, 사람이 먼저인가?'라는 주제가 혹시 어렵게 느껴질까 봐 걱정을 많이 했는데, 두 팀이 성실하게 준비하고 진지하게 토론에 참여해 주어서 모두 잘해 낸 것 같습니다. 두 팀에서 한 명씩 마무리 발표를 하고 오늘 토론을 마치도록 하겠어요."

민준이가 손을 들고 이야기를 시작했다.

"처음에 했던 이야기인데요. 우리가 살아가는 사회는 자본주의 사회입니다. 미국 로체스터 대학교의 스티븐 랜즈버그 교수는 '자본주의가 위대한 이유는 개인에 맞는 행복을 추구할 수 있기 때문이다.'라고 말했습니다. 성실하게 노력하는 사람은 그만큼 행복하게 살 수 있다는 뜻이지요. 자본주의 사회에서 살아가는 이상 열심히 노력하고, 노력한 만큼 돈을 버는 것은 너무나 당연한 일이라고 주장하고 싶습니다."

민준이의 말이 끝나고, 혜린이가 손을 들었다.

"만일 돈이 최고의 가치가 된다면 돈을 벌기 위해서라면 어떤 일을 해도 상관없을 거예요. 법을 어기거나 사람을 해치는 일이더라도 말이에요. 그렇지만 그렇게 해서 돈을 번다면 아마 많은 사람들의 손가락질을 받게 될 것입니다. 우리 사회에는 돈보다 더 중요한 가치들이 많으니까요. 지금은 예전에 비해 경제적으로 풍족한 사회가 되었지만, 어른들은 가끔 '가난하고 힘들었지만 푸근했던 옛날의 인정이 그립다.'는 말씀을 하십니다. 사회가 발전하면서 돈의 중요성은 점점 더 커지고 있지만, 그럴수록 돈이 삶의 목적이자 가장 우선의 가치가 되지 않도록 해야 한다고 생각합니다."

혜린이의 말이 끝나자 선생님이 아이들 모두를 한번 둘러보며 말했다.

"자, 두 팀 모두 오늘 아주 수고했습니다. 오늘 고생한 친구들에게 박수!"

아이들이 박수를 치자, 여섯 명의 아이들은 쑥스러워하면서도 고개를 꾸벅 숙였다.

"자, 그럼 일주일 뒤에 또 토론을 할 텐데요, 다음 주제는 '일하는 사람, 일 시키는 사람'입니다. 여러분들도 가끔 텔레비전에서 노동조합<sub>노동 조건을 개선시키고 노동자의 사회적·경제적 지위 향상을 목적으로 노동자가 세운 단체</sub>이 시위하는 모습을 본 적이 있지요?"

"네."

아이들이 고개를 끄덕였다.

"왜 그런 일이 벌어지고 있는지 관심을 가져 본 친구들 있나요?"

아이들은 아무 말이 없었다.

"그러면 다음 토론 시간에는 일을 하는 사람과 일을 시키는 사람이 서로 어떤 입장 차이가 있는지 한번 알아보았으면 해요."

그때였다. 아이들 틈에서 영지가 조용히 손을 들었다.

"선생님, 저 다음 토론에 꼭 참여해 보고 싶어요."

"아, 그래? 그럼 어떻게 하지?"

선생님이 토론팀 아이들을 둘러보았다. 그러자 가영이가 손을 들었다.

"그럼 제가 다음 토론에서 빠질게요."

이번 토론이 너무 힘들었던 걸까? 왠지 기운이 쭉 빠진 목소리였다.

"그래, 그럼 가영이가 빠진 자리에 영지가 합류하면 되겠네. 팀은 회의를 통해서 나누어 보도록 합시다."

토론을 했던 아이들이 고개를 끄덕였다. 잠시 후 수업이 끝나는 종소리가 울리고 오늘 토론 수업은 이렇게 끝이 났다.

"후유……."

쉬는 시간, 자리로 돌아와 앉은 혜린이의 입에서는 절로 한숨이 나왔다.

"왜 그래? 힘들어?"

앞자리에 앉아 있던 지윤이가 몸을 뒤로 돌리며 물었다.

"응, 완전 힘들어. 수업 내내 상대방 이야기에 집중해야 하고, 내가 할 말도 준비해야 하고……. 토론하는 거 쉬운 일이 아니야."

"헤헤, 우리는 재미있었는데……."

"그래?"

지윤이가 다시 몸을 돌려 앞을 바라보았다. 혜린이의 입에서는 절로 미소가 새어 나왔다. 선생님도 준비를 잘해 왔다고 하시고, 아이들도 재미있었다고 하니 마음이 뿌듯해졌다. 그렇지만 곧이어 다음 토론에 대한 걱정이 밀려오기도 했다.

'오늘만큼만 준비하면 잘되겠지.'

혜린이는 길게 심호흡을 해 보았다.

## 함께 정리해 보기
### 돈과 사람

| 경쟁력 강화 | 논쟁이 되는 문제 | 가치 존중 |
|---|---|---|
| 돈은 개인의 성실성과 노력을 보여 주는 것이므로 경쟁력이 될 수 있다. | 자본주의 사회에서 돈은 가장 큰 경쟁력일까? | 돈이란 물건과 맞바꾸기 위한 도구일 뿐, 경쟁력이 될 순 없다. |
| 사랑과 우정 같은 가치들도 표현을 해야 더욱 빛을 발한다. 그러기 위해서는 돈이 필요하다. | 돈을 대신할 수 있는 가치가 있을까? | 돈으로 살 수 없는 것이 없다 해도 사랑, 우정처럼 돈으로 살 수 없는 것들이 더욱 많다. |

## 2장
# 일하는 사람, 일 시키는 사람

한 회사를 구성하고 있는 사람은 사장과 직원입니다. 사장은 회사를 운영하면서 직원들에게 월급을 주는 사람입니다. 그리고 직원은 회사에서 자신이 맡은 일을 하고 사장으로부터 월급을 받는 사람입니다. 자본주의 사회에서는 사장과 직원을 자본가와 노동자로 구분합니다. 회사는 사장과 직원들이 서로 맡은 바 임무를 잘해 내고, 이익을 얻어야 유지도 되고 성장도 할 수 있지요. 그런데 가끔은 사장과 직원들의 의견이 잘 맞지 않아서 어려운 상황에 처하기도 합니다. 회사를 운영하며 일을 시키는 사람, 그리고 그 회사에서 일을 하는 사람들의 사이에는 어떤 의견 차이가 벌어지는지, 어떻게 하면 서로가 만족하며 일할 수 있을지 다양한 주제를 통해 같이 생각해 보도록 합시다.

## 자본가 팀

혜린　준서　우진

자본가들은 회사를 잘 경영하고, 나아가 나라의 경제 발전에 이바지하기 위해 많은 노력을 하고 있어. 그리고 노동자들이 더 쾌적한 환경에서 일하며 많은 복지 혜택을 누릴 수 있도록 관심과 노력을 기울이고 있지. 비정규직 문제만 해도 그래. 현실적으로 모든 비정규직을 정규직으로 바꿀 순 없어. 비정규직 노동자들을 보호하려는 정책들을 많이 시행하는 것이 대안이라고 생각해. 노동자들도 시위나 파업 등으로 권리를 주장하기보다는 회사의 사정을 배려하며 융통성 있게 일해야 하지 않을까?

## 노동자 팀

서현    민준    영지

자본주의 사회에서 노동자들은 누구보다 열심히 일하지만, 그에 합당한 대우는 받지 못하고 있어. 노동자들의 건강과 안전을 위협하는 노동 현장들이 많은 것만 봐도 그래. 비정규직 노동자들은 정규직 노동자보다 더 힘들게 일하는데도 같은 대우를 받지 못해. 게다가 언제 회사에서 잘릴지 몰라서 불안한 상태야. 대기업에 다니는 회사원들과 중소기업에 다니는 회사원들의 삶의 질이 판이하게 다른 것도 부당한 일이야. 모든 노동자는 정해진 휴일에 쉬고, 노동의 질과 양에 걸맞은 대우를 받아야 해.

# 일하는 사람, 일 시키는 사람

## 자본가와 노동자

"얘들아, 이것 좀 작성해 줘."

쉬는 시간, 영지는 아이들에게 종이 한 장을 나누어 주었다. 종이에는 부모님의 직업, 다니는 회사의 규모, 몇 년 동안 일을 했는지 등, 여러 가지 설문 조사 항목이 꼼꼼하게 적혀 있었다.

"뭘 저렇게 열심히 해?"

우진이는 설문지를 내려다보며 입을 삐죽거렸다.

"넌 준비 안 해? 너도 얼른 해야 하잖아. 맡은 부분도 많은데……."

혜린이가 눈을 동그랗게 뜨며 우진이에게 물었다.

"나? 하지. 이렇게……."

우진이가 컴퓨터 키보드를 두드리는 시늉을 했다.

"하하하, 아무래도 이번 토론은 우리 팀이 유리할 듯!"

서현이가 설문지 작성을 마치면서 우진이를 향해 큰 소리로 웃었다.

"아니, 왜? 무슨 자신감?"

"우린 발로 뛰면서 조사하잖아. 난 마음이 막 든든하다."

서현이가 영지에게 설문지를 건네며 활짝 웃었다.

"쳇, 우리도 진짜 열심히 하고 있거든."

우진이는 입을 삐죽 내밀며 설문지를 영지에게 건넸다.

"지금 조사한 거 결과 언제 나와?"

"이거 가지고 토론하는 거야?"

아이들은 설문지를 걷는 영지에게 호기심 어린 눈빛으로 이것저것 물어보았다.

'아, 이번에는 우리도 준비 잘해야겠다.'

아이들과 영지의 모습을 보는 혜린이의 마음은 설레기도 하고 조급해지기도 했다.

토론 수업이 시작되고, 선생님이 자리에 앉으며 아이들을 향해 말했다.

"오늘은 '일하는 사람, 일을 시키는 사람'이라는 주제로 토론을 해 보겠어요. 이번 주제는 좀 어려웠는지, 토론을 준비하면서 이런저런 질문을 많이 했던 것 같아요. 그래서 그 질문을 토대로 간단하게 정리를 한 번 하고 나서 토론을 시작해 볼까 합니다."

아이들이 눈을 동그랗게 뜨고 선생님의 얼굴을 쳐다보았다.

"일을 하는 사람을 노동자 또는 근로자라고 합니다. 그리고 일을 시키는 사람을 자본가 또는 고용주나 사용자라고도 하지요. 우리나라에는 수많은 회사들이 있고, 이 회사에는 자본가와 노동자들이 있어요. 자본가와 노동자가 의견이 잘 맞으면 서로 일을 하기에도 좋고 회사도 더욱 성장해 나갈 거예요. 그렇지만 서로의 입장이 다르다 보니 의견이 매번 잘 맞을 수만은 없고, 큰 갈등을 겪을 때도 있어요. 오늘 우리는 자본가의 입장과 노동자의 입장에서 서로의 입장이 어떻게 다른지, 그리고 서로 다른 입장 차이를 좁혀 갈 수 있는 좋은 방법은 없는지 함께 생각해 볼 거예요."

고개를 끄덕이는 아이들도 있고, 아직도 고개를 갸웃거리는 아이들도 있었다.

"그럼 토론을 시작해 보도록 하겠습니다. 오늘 자본가들의 입장과 주장을 이야기해 줄 자본가 팀은 오혜린, 박준서, 김우진이고 노동자들의 입장과 주장을 이야기해 줄 노동자 팀은 이서현, 윤민준, 서영지입니다."

아이들이 꾸벅 인사를 했다.

"첫 번째 논쟁거리는 '현대 사회에서 자본가들은 자신의 역할을 다하고 있을까?'인데요, 먼저 주제 발표부터 시작해 볼까? 주제 발표는 누가 준비했지?"

선생님이 두 팀 아이들을 번갈아 쳐다보았다. 우진이와 서현이가 손을 들었다.

"그럼 우진이부터 자본가 팀의 주제 발표를 해 봅시다."

우진이는 조금 멋쩍은지 '흠흠' 하고 목소리를 가다듬고는 준비해 온 자료를 읽어 내려갔다.

"자본가들은 회사를 잘 이끌어 나가야 합니다. 만일 회사가 위태롭거나, 문을 닫게 된다면 노동자들은 더 이상 일할 수가 없을 것입니다. 자본가들은 그런 일이 벌어지지 않도록 많은 노력을 합니다. 더 좋은 회사를 만들어야 한다는 책임감도 가지고 있습니다. 간혹 자본가와 노동자들은 서로가 원하는 것이 달라 갈등이 생기기도 합니다. 그렇지만 회사가 없으면 노동자도 없습니다. 노동자들은 회사의 입장을 먼저 이해하고 서로 도우려는 마음을 가져야 한다고 생각합니다."

우진이의 주제 발표가 끝나고, 서현이의 주제 발표가 이어졌다.

"많은 사람들이 학교를 졸업하고 나면 자신이 하고 싶은 일을 찾아 직장을 구하고 노동자가 되지요. 노동자가 되면 열심히 일을 하고, 회사에서 돈을 받습니다. 그런데 노동자들은 일을 많이 하든, 적게 하든 늘 정해진 돈을 받아요. 그러니 자본가들은 노동자들에게 더 일을 많이 시키려고 합니다."

"잠깐만요!"

우진이가 급히 손을 들었다. 선생님이 우진이를 바라보며 말했다.

"우진아, 서현이의 발표를 다 들어 본 후에 이야기를 하는 게 좋지 않겠니?"

우진이는 하는 수 없다는 듯 고개를 끄덕였다. 서현이가 차분하게 이야

기를 이어 나갔다.

"많은 노동자들은 열심히 일을 하면서 꿈을 이루고 싶어 해요. 그렇지만 자본가들은 노동자들을 꿈을 이루려는 사람이 아니라 일만 하는 사람으로 생각하는 경우가 많아요. 바로 이런 점 때문에 자본가와 노동자들 사이에 충돌이 벌어지는 것이라고 생각합니다."

서현이의 발표가 끝나자 선생님이 양 팀 아이들을 둘러보며 말했다.

"자, 지금부터 서로의 주제 발표에 대해 반대 의견이 있거나 질문이 있는 친구들이 손을 들고 이야기를 하도록 하지요."

우진이가 손을 번쩍 들었다.

"노동자 팀의 주제 발표를 들어 보면 자본가들을 그저 노동자를 부려 먹기만 하는 사람으로 몰아가는 것 같아요. 자본가들도 회사를 경영하기 위해 열심히 일을 하는데, 너무 나쁘게만 이야기하는 것 아니에요?"

우진이의 질문에 서현이가 싱긋 웃으며 말했다.

"물론 자본가들도 회사를 위해 일하는 사람들인 건 맞습니다. 그렇지만 회사에서 벌어들인 돈은 모두 자본가의 몫이잖아요. 회사가 이전보다 더 돈을 많이 벌게 돼도 노동자는 정해진 돈만 받고 말이죠."

"그건 잘못 생각하는 거예요. 회사라고 해서 늘 돈을 많이 버는 것은 아니잖아요. 때로는 다른 때보다 적게 벌 수도 있습니다. 그렇지만 회사가 돈을 적게 벌었다고 해서 노동자들에게 돈을 적게 주지는 않잖아요? 그럴 때는 회사도 손해를 보면서 노동자들의 입장을 생각해요."

우진이가 얼굴을 붉히며 열을 올렸다. 그때 영지가 조용히 손을 들었다.

"우진이가 말한 대로 회사가 돈을 적게 벌 수도 있습니다. 그렇지만 회사는 수익이 있어야만 운영이 된다고 알고 있어요. 계속 손해만 본다면 회사는 문을 닫아야 하지요. 그러면 노동자들은 바로 직장을 잃게 됩니다."

"그러니까 그런 일이 없도록 자본가도 노동자도 모두 노력해야 한다는 것 아닙니까?"

우진이가 답답하다는 듯 말했다. 그러자 영지가 손을 들었다.

"그게 과연 서로 노력한다고 해서 되는 일일까요? 우리나라는 지난 1997년에 IMF<sub>국제 통화 기금. 세계 각국의 경제 위기를 해결하기 위해 설립한 기관</sub>에서 돈을 빌려야 할 만큼 경제 사정이 좋지 않았습니다. 그런 사태가 온 이유는 큰 회사들

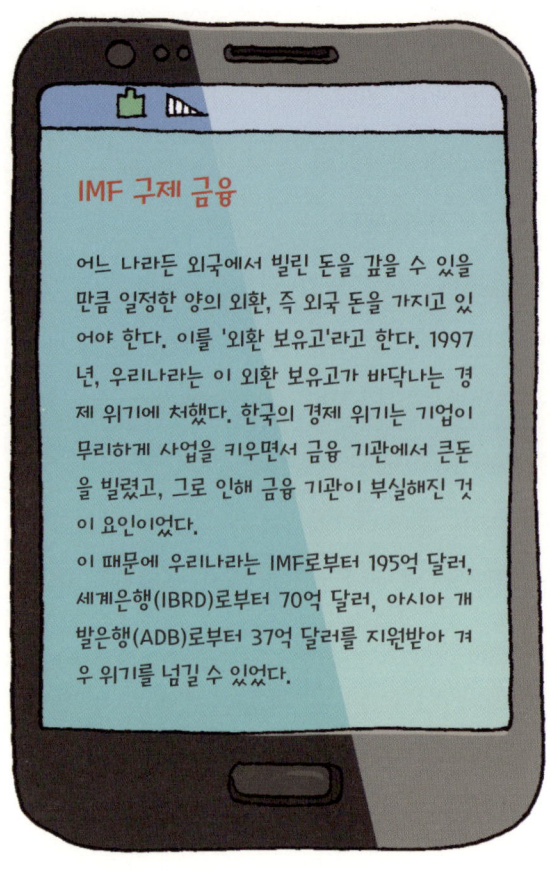

### IMF 구제 금융

어느 나라든 외국에서 빌린 돈을 갚을 수 있을 만큼 일정한 양의 외환, 즉 외국 돈을 가지고 있어야 한다. 이를 '외환 보유고'라고 한다. 1997년, 우리나라는 이 외환 보유고가 바닥나는 경제 위기에 처했다. 한국의 경제 위기는 기업이 무리하게 사업을 키우면서 금융 기관에서 큰돈을 빌렸고, 그로 인해 금융 기관이 부실해진 것이 요인이었다.
이 때문에 우리나라는 IMF로부터 195억 달러, 세계은행(IBRD)로부터 70억 달러, 아시아 개발은행(ADB)로부터 37억 달러를 지원받아 겨우 위기를 넘길 수 있었다.

이 금융 기관에서 돈을 마구 빌려 회사를 무리하게 키웠기 때문이었습니다. 회사를 키워야 돈을 더 벌 수 있을 테니까요. 빌린 돈을 갚지 못한 회사들은 문을 닫았고, 노동자들은 실업자가 되었습니다. 이 일이 노동자들이 노력하지 않아서 생긴 건가요?"

평소에 별로 말이 없고 조용하던 영지가 상대 팀 아이들을 차근차근 둘러보며 똑 부러지게 말했다. 영지의 말이 끝나자 혜린이가 손을 들었다.

"흔히 IMF 위기라고 하는 그 일에 대해서 저도 조금 알아봤는데요, 그때 당시 우리나라뿐 아니라 아시아 전체의 경제가 좋지 않았고, 우리나라가 외국에서 빌린 돈이 너무 많았던 점 등 여러 가지 원인이 있었다고 했습니다. 단지 자본가들의 욕심 때문은 아니었어요."

혜린이의 말이 끝나자 민준이가 손을 들었다.

"아무리 다른 이유가 있다 해도 노동자들의 입장에서는 열심히 일만 하다가 순식간에 직장을 잃게 된 것입니다. 아무 잘못도 없이 말이죠."

민준이의 말이 끝나자 아이들은 서로 눈빛만 분주히 주고받을 뿐 아무도 손을 들지 않았다. 그러자 선생님이 미소를 지으며 말했다.

"자, 자본가 팀에서는 회사를 경영하기 위해 자본가들이 책임감을 가지고 노력하고 있다는 점을 주장했고, 노동자 팀에서는 열심히 일하는 노동자들이 제대로 된 대우를 받지 못한다는 점을 주장했어요. 이 부분에 대해 계속 같은 이야기가 나오는 것 같으니까 이 정도에서 마무리하고, 다음 주제로 넘어가려고 합니다. 다음 주제는 '노동자들은 적절한 노동 환경에서 일하고 있을까?'입니다. 노동자들이 일하는 환경은 어떤지, 자본가들은 노동자들이 더 좋은 환경에서 일할 수 있도록 어떤 노력을 하고 있는지 함께 이야기해 보도록 할게요."

## 노동과 노동 환경

선생님의 말이 끝나자 노동자 팀의 서현이가 손을 들었다. 서현이는 자료를 뒤적이더니 사진 한 장을 꺼내 보였다. 환자복을 입고 머리카락이 없는, 얼핏 보기에도 많이 아파 보이는 젊은 여자의 사진이었다.

"이분은 2007년에 세상을 떠난 고 황유미 언니예요. 황유미 언니는 고등학교를 졸업한 후 한 대기업의 반도체 생산 공장에서 일을 했습니다.

**삼성 전자 반도체 공장 노동자 사망 사건**

고 황유미 씨는 2003년 10월, 삼성 전자 기흥 반도체 공장에 입사하여 반도체 원판을 화학 물질 혼합물에 담갔다 빼는 일을 했다. 그러다 2005년 10월, 급성 골수성 백혈병이 발병해 골수 이식 수술 등의 치료를 했으나 2007년 3월 세상을 떠났다. 또한 황유미 씨와 함께 일하던 동료 이숙영 씨 역시 같은 병으로 세상을 떠나고 말았다. 그런가 하면 삼성 전자 용인 반도체 공장에서 6년 동안 일했던 고 이윤정 씨는 뇌종양으로 세상을 떠났고, 같은 공장에서 일하던 고 이범우 씨, 고 이은주 씨는 백혈병과 암으로 세상을 떠났다. 이처럼 삼성 전자 반도체 공장에서 일을 하다 백혈병이나 암에 걸려 세상을 떠나거나 투병 중인 노동자들의 수는 수십 명에 달하는 것으로 알려졌다.

"그러다 백혈병에 걸려 스물세 살의 나이로 세상을 떠나고 말았지요. 그런데 놀라운 건 그 공장에서 일을 하다 백혈병이나 암에 걸린 사람이 무려 151명이나 되고, 그중에서 세상을 떠난 사람은 58명이나 된다는 점이에요. 이런 상황인데도 회사에서는 황유미 언니가 했던 일과 노동자들의 병은 아무 상관이 없다며 제대로 된 보상도 하지 않았다고 해요."

서현이가 진지하게 이야기를 계속하자 아이들이 술렁거렸다. 그때였다.

"제가 뉴스에서 봤는데요, 그분은 재판을 통해 적절한 보상을 받은 걸로 알고 있는데요."

자본가 팀의 혜린이었다.

"맞아요. 회사에서 일을 하다 신체적, 정신적 피해를 입었기 때문에 산

업 재해로 인정을 받긴 받았지요. 그런데 인정을 받을 때까지 7년 동안이나 근로 복지 공단을 상대로 재판을 해야 했어요. 원래 산업 재해는 회사와 상관없이 근로 복지 공단에서 인정해야 하거든요. 재판이 계속되는 7년 동안 회사는 꾸준히 '우리 공장은 그 병과는 아무 상관이 없다. 그렇기 때문에 아무것도 책임지지 않겠다.'는 말만 했다고 해요."

서현이의 말에 아이들의 입에서는 계속해서 탄식이 터져 나왔다. 서현이가 한숨을 한 번 쉬더니 떨리는 목소리로 말을 이어 나갔다.

"이처럼 형편없는 환경에서 일하는 노동자들은 반도체 공장에만 있는 것이 아니에요. 다른 금속 공장에서도 암을 유발하는 물질로 인해 암에

걸린 노동자들이 많아요. 또한 24시간 일을 하는 회사의 노동자들은 낮에 일을 하기도 하고, 밤에 일을 하기도 해요. 이분들은 규칙적으로 잠을 못 자니까 불면증이나 위장 장애와 같은 질병에 시달리고 있다고 해요. 그렇지만 자본가들은 이런 문제를 해결해 주려고 하지 않습니다."

서현이가 잔뜩 흥분한 표정으로 말을 마쳤다. 잠시 침묵이 이어지고, 준서가 굳은 표정으로 손을 들었다.

"그렇지만 모든 자본가들이 다 노동자들의 환경에 관심이 없는 것은 아닙니다. 실제로 대형 마트의 경우, 계산을 하는 직원들이 오랫동안 서서 일하는 것을 힘들어 하자 의자를 놓아 앉을 수 있도록 했고, 피자 업계에서는 배달하시는 분들이 조금 더 여유 있게 일할 수 있도록 30분 배달 제도를 없애기도 했습니다."

"네, 그렇습니다. 그리고 자꾸만 자본가들이 노동자들을 마구 부려 먹는다고 하는데, 그건 정말 큰 오해입니다. 회사는 돈을 벌어야 하는 곳입니다. 회사가 돈을 벌지 못하면 그 회사에 다니는 노동자들의 생계도 함께 어려워집니다. 반도체 공장이나 금속 공장에서 위험한 물질을 취급하는 것은 사실이지만, 그 물질이 없으면 제품을 만들 수가 없습니다. 24시간 일하는 공장도 마찬가지로, 그렇게 하지 않으면 제품을 만들 수가 없습니다. 함께 잘살자고 하는 일이지, 회사에만 이득이 되는 일은 아니라는 말입니다."

준서의 말을 이어 우진이가 답답하다는 듯 말을 쏟아 냈다.

"아무리 돈을 버는 게 중요해도 사람만큼 중요한 건 아닙니다. 자본가들이 조금만 욕심을 버리고 노동자들이 편히 일할 수 있는 환경을 만들어 준다면 아프고 힘든 노동자들은 많이 줄어들 것입니다."

영지가 단호하게 말했다. 그 순간 혜린이의 머릿속이 복잡해졌다.

'아, 밀렸어. 우리는 계속 변명만 한 꼴이 되어 버렸잖아. 우리도 사례와 주장을 더 준비했어야 하는데……'

혜린이가 낭패감으로 아무 말 못 하는 사이, 선생님이 아이들을 둘러보며 말했다.

"자, 이쯤에서 우리 두 팀의 이야기를 한번 정리해 보도록 합시다. 노동자 팀에서는 열악한 환경에서 일하는 노동자들의 실상에 대해 사례를 들어 말했고, 자본가 팀에서는 힘든 노동 환경을 개선하기 위해 어떤 노력을 하고 있는지 알려 주었습니다."

아이들 모두 고개를 끄덕였다.

## 비정규직 일자리는 꼭 필요할까?

"그러면 이제 다음 주제로 한번 들어가 보겠습니다. 이번에는 '비정규직 일자리, 우리 사회에서 꼭 필요한 것인가?'에 대해 이야기해 볼 텐데요, 두 팀 모두 준비해 왔지요?"

요즘 가장 민감한 주제이니만큼 토론반 아이들의 표정이 살짝 굳어졌다.

"그럼 토론에 앞서서 비정규직 노동자와 정규직 노동자에 대해 잠깐 설명하고 넘어가겠습니다. 노동자들이 회사에 들어가면 어떤 일을 하고 얼마만큼의 돈을 받을지를 약속하는 계약을 합니다. 이 계약을 할 때 1년, 2년과 같이 일할 기간을 정해서 계약을 하는 노동자를 비정규직 노동자, 기간을 정하지 않고 정해진 나이까지 일할 수 있도록 계약을 하는 노동자를 정규직 노동자라고 합니다. 곧, 정규직 노동자와 비정규직 노동자라는 말은 일하는 기간을 규정하는 말인데요, 실제로는 기간 외에 여러 가지 다른 점들이 있다고 하지요. 자, 그럼 어느 팀부터 주제 발표를 해 볼까요?"

민준이와 우진이가 경쟁적으로 손을 들었다.

"자, 그럼 이번에는 민준이가 먼저 발표해 보자."

"우리나라에 비정규직 일자리가 늘어나기 시작한 때는 1997년 경제 위기 이후였습니다. 그전까지만 해도 회사의 일방적인 해고는 불법이었습니다. 그렇지만 국제 통화 기금에서는 우리나라에 돈을 빌려주는 조건으로 정리 해고 제도를 법에 넣도록 했습니다. 정리 해고란 경영이 어려워졌을 때 회사를 살리기 위해 노동자를 해고할 수 있도록 하는 것입니다. 그리고 정년이 되기 전에 스스로 회사를 그만두는 것을 명예퇴직이라고 하는데, 어려워진 회사 상황 때문에 자신들의 뜻과는 상관없이 명예퇴직을 하는 사람들도 많아졌습니다. 이렇게 되자 실업자는 점점 많아졌고, 노동자들의 불만은 점차 거세졌습니다. 그러자 그 해결 방법으로 나온 것이 바로 기업들이 비정규직 노동자들을 고용하는 것이었습니다."

가지고 온 자료를 술술 읽어 내려가던 민준이가 잠시 숨을 고른 뒤 말

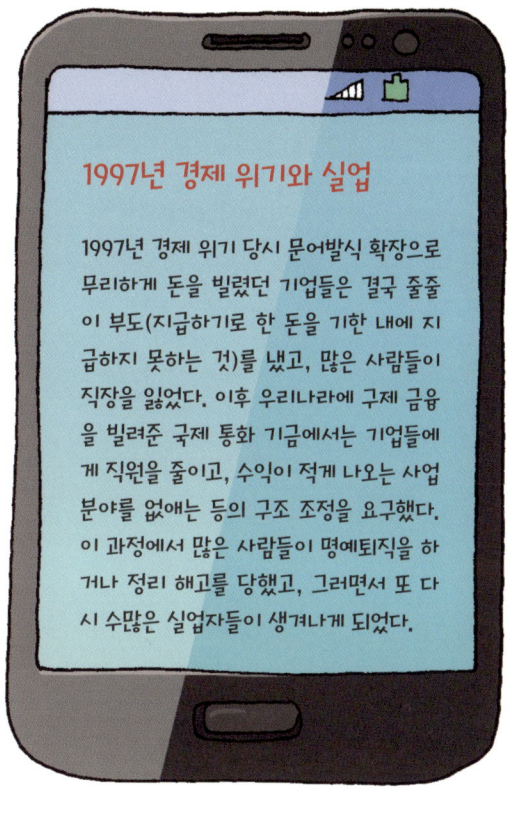

### 1997년 경제 위기와 실업

1997년 경제 위기 당시 문어발식 확장으로 무리하게 돈을 빌렸던 기업들은 결국 줄줄이 부도(지급하기로 한 돈을 기한 내에 지급하지 못하는 것)를 냈고, 많은 사람들이 직장을 잃었다. 이후 우리나라에 구제 금융을 빌려준 국제 통화 기금에서는 기업들에게 직원을 줄이고, 수익이 적게 나오는 사업 분야를 없애는 등의 구조 조정을 요구했다. 이 과정에서 많은 사람들이 명예퇴직을 하거나 정리 해고를 당했고, 그러면서 또 다시 수많은 실업자들이 생겨나게 되었다.

을 계속했다.

"비정규직 노동자들의 가장 큰 어려움은 계약이 끝나고 나면 직장을 잃는다는 것입니다. 또 다른 문제점은 정규직 노동자들과 같은 일을 하면서도 차별을 겪어야 한다는 것입니다. 많은 기업들이 비정규직 노동자들에게는 휴가, 건강 검진, 휴양 시설 이용 등 정규직 노동자들에게는 너무나 당연한 혜택조차 주지 않고 있습니다."

민준이가 발표를 끝내고 길게 한숨을 쉬었다.

"이번에는 우진이가 주제 발표를 해 볼까요?"

선생님이 우진이를 쳐다보았다.

"민준이의 말처럼 1997년 경제 위기 때 실업자들이 많아졌습니다. 그러자 우리나라 정부에서는 위기에 빠진 경제를 살리려고 외국 기업을 들여왔습니다. 그런데 이때 외국 기업들은 한 가지 조건을 제시했습니다. 그 회사에서 일하는 노동자들을 비정규직으로 고용할 수 있도록 해 달라는 것이었지요. 경제 위기 후 조금이라도 더 빨리 경제를 살려야 했던 정부 입장에서는 그 요구를 받아들일 수밖에 없었습니다. 그때 그런 결정을 하지 않았다면 지금 우리나라는 계속 경제 위기 속에서 불안한 나날을 보내야만 했을 것입니다."

"그럼 비정규직 노동자들이 계약 기간이 끝난 뒤에 직장을 잃는다는 사실은 어떻게 생각하나요?"

민준이가 눈을 동그랗게 뜨고 우진이를 쳐다보았다.

"그건 오해입니다. 비정규직으로 일정한 기간 동안 일을 하면 정규직이

될 수 있다는 규정이 있습니다. 그런데 왜 비정규직으로 일하면 모두가 직업을 잃는 것처럼 말하죠?"

"그 규정이 실제로 지켜지는 경우는 거의 없다고 합니다. 그게 문제죠."

민준이의 말이 끝나자 준서가 손을 들었다.

"저기, 저희 삼촌이 대학교를 졸업하고 공기업<sub>국가나 지방 자치 단체가 공공의 이익을 위해 경영하는 기업</sub>에 계약직으로 들어갔는데요, 2년 동안 일한 후에 무기 계약직으로 바뀌었다고 했거든요. 삼촌 말고도 많은 사람들이 무기 계약직으로 바뀌었는데, 무기 계약직은 정규직에 포함된다는 말을 들었습니다. 제가 볼 때는 실제로도 많은 비정규직들이 정규직으로 바뀌고 있는 것 같은데요."

그때 서현이가 뭔가 떠올랐다는 듯 자료를 뒤적이며 손을 들었다.

"제가 무기 계약직에 대해 좀 찾아보았는데요, 무기 계약직은 1년 혹은 2년 이렇게 계약 기간이 정해지지 않은 거래요. 그러니까 꼭 정규직처럼 보이는데요, 하지만 대우는 비정규직과 다를 게 없다고 해요. 결국 정규직처럼 보여도 현실은 계약직이라는 거죠."

서현이의 말에 준서가 입술을 한 번 꾹 깨물어 보이고는 말했다.

"그런데요, 비정규직이 꼭 나쁜 것만은 아니에요. 비정규직의 가장 큰 장점은 바로 여러 가지 일을 하면서 원하는 일을 찾을 수 있다는 점이라고 합니다. 만약 어떤 사람이 1년마다 회사를 그만두고 다른 회사를 다닌다고 하면 이상한 사람 취급을 받을 거예요. 그렇지만 비정규직 노동자들의 경우, 계약 기간이 끝나고 나서 다른 일을 한다고 해도 아무도 뭐라고 하는 사람이 없습니다."

준서가 말하자 서현이가 답답하다는 듯 한숨을 쉬고 나서 말했다.

"그렇게 짧은 기간 동안만 일을 하고 다른 직장으로 옮겨 다녀야 하니까 일에 대한 전문적인 지식도 없고, 책임감도 없어지는 것 아닌가요? 세월호 사건의 선장처럼 말이에요."

세월호 이야기가 나오자 아이들이 다시 술렁이기 시작했다.

"세월호 침몰 사고가 났을 때, 선장을 비롯해 직원 15명 중 9명이 비정규직 노동자였어요. 세월호를 운행하던 회사에서는 정규직 노동자보다 적게 돈을 주고도 일을 시킬 수 있기 때문에 비정규직 노동자를 고용한 거죠. 세월호 침몰 사고가 났을 때, 선장과 승무원들이 승객들에게 '가만히 있으라.'고 해 놓고 자기들이 먼저 구조선을 탔잖아요? 1년만 일하고 그만두면 된다는 생각이 있었기 때문에 그런 응급 상황에서 자기 멋대로 행동했던 것입니다."

서현이의 말에 준서가 다급히 손을 들면서 말했다.

"잠깐만요! 사고 당시에 끝까지 학생들에게 구명조끼를 나누어 주고, 한 명이라도 더 구하려 애쓰다가 세상을 떠난 승무원들도 있었습니다. 선장이 사고에 대처를 잘못한 것은 맞지만, 그것은 비정규직 노동자라서가 아니라 그냥 그 사람이 잘못한 것입니다."

준서의 말이 끝나자마자 혜린이가 손을 들었다.

"저는 솔직히 많은 승객들의 안전과 생명을 책임져야 하는 선장을 비정규직으로 고용한 것을 옳다고 생각하지 않습니다. 그런데 이런 부분에 대한 문제점을 해결하기 위해 '비정규직 종합 대책'이 발표되었다는 것을 혹시 알고 있나요?"

혜린이의 급작스런 질문에 민준이와 서현이가 급하게 자료들을 뒤적였다. 그러더니 이내 고개를 절레절레 저었다.

"국민들의 안전과 관련된 분야에 비정규직 노동자를 고용하지 못하게 하고, 비정규직으로 일한 것도 경력으로 인정해 주는 등 대책은 이미 마련되어 있습니다. 나라에서도 비정규직 노동자들이 더 이상 차별을 당하지 않도록 많은 노력을 하는 것이지요."

혜린이의 말을 듣고 있던 민준이가 묘한 미소를 짓더니 손을 들었다.

"어쨌든 차별이 있다는 건 인정한다는 거네요?"

민준이의 말에 서현이와 영지의 입가에도 미소가 번졌다. 그렇지만 혜린이는 당황하지 않고 차분하게 대답했다.

"네, 물론입니다. 정규직 노동자들과 다른 대우를 받는다는 것은 분명한 사실이니까요. 그런데 비정규직 일자리는 누군가가 나쁜 마음을 먹고 만들어 낸 것이 아니라 어려운 경제 상황 때문에 어쩔 수 없이 생겨난 일자리였습니다. 그리고 그때 무너졌던 경제 상황은 아직도 완전히 회복된 게 아니에요. 그러면 우리는 어떻게 해야 할까요? 경제 상황은 무시하고 무조건 정규직으로만 고용해야 한다고 주장해야 할까요? 만일 그렇게 하면 일자리가 줄어들 테고, 또다시 실업자들이 생겨날 텐데요?"

혜린이가 전에 없이 목소리를 높이며 말을 이어 갔다.

"비정규직 노동자들 중에서 낮은 대우와 차별 때문에 힘들어하는 노

동자들이 많다는 것은 이미 잘 알려져 있습니다. 그런데 그렇다고 비정규직 일자리를 모두 없앨 수도, 정규직 일자리로 모두 바꿀 수도 없잖아요? 그렇다면 지금 있는 비정규직 노동자들이 조금이라도 더 편하게 일할 수 있도록 제도와 환경을 바꾸어 가는 것이 훨씬 좋은 방법 아닐까요? 만약 더 좋은 방법이 있으면 좀 알려 주세요."

혜린이가 말을 마치며 상대방 팀 아이들을 쳐다보았다. 누가 봐도 당황한 표정의 영지는 시선을 얼른 피하며 자료를 뒤적였고, 서현이는 입술을 질근질근 깨물며 생각에 빠져 있었다. 민준이 역시 샤프 꼭지만 연신 눌러 대고 있었다.

그 모습을 바라보던 선생님은 자세를 고쳐 앉으며 TV 화면에 표 하나를 띄웠다.

**2018~2019년 성별·연령별 비정규직 규모 변화 실태**(단위 : 천 명)

| | | 2018년 | 2019년 | 2018→2019 증감 |
|---|---|---|---|---|
| 남성 | 전체 | 2936 | 3356 | 420 |
| | 15~19세 | 68 | 54 | −14 |
| | 20~29세 | 519 | 659 | 140 |
| | 30~39세 | 449 | 525 | 76 |
| | 40세 이상 | 1900 | 2118 | 218 |
| 여성 | 전체 | 3678 | 4125 | 447 |
| | 15~19세 | 83 | 97 | 14 |
| | 20~29세 | 605 | 703 | 98 |
| | 30~39세 | 543 | 586 | 43 |
| | 40세 이상 | 2448 | 2739 | 291 |
| 전체 비정규직 | | 6614 | 7481 | 867 |

※ 통계청 〈경제 활동 인구 조사〉

아이들은 고개를 쭉 빼고 화면을 쳐다보았다. 선생님은 빨간빛이 나오는 레이저 포인터로 화면을 가리켰다.

"이 표는 2018년에서 2019년까지 1년 동안 나이, 성별에 따라 비정규직 노동자의 수가 어떻게 바뀌었는지를 보여 줘요."

"어, 줄어든 곳도 있네?"

아이들은 -가 표시된 숫자를 보며 웅성거렸다.

"여러분들이 말한 대로 15~19세 남성에서 비정규직 노동자 수가 줄어든 것을 볼 수 있습니다. 그런데 이건 정규직 노동자가 많아져서가 아니라 비정규직보다 훨씬 더 열악한 시간제 노동자로 바뀐 경우가 많았기 때문이라는 분석도 있습니다. 이를테면 아르바이트 일자리 같은 걸 말하는 거죠."

선생님은 다시 한번 표를 가리켰다.

"이 표를 잘 살펴보면 20~29세 그리고 60세 이상의 고령층에서 비정규직 노동자 수가 늘어난 것을 볼 수 있어요. 이를 통해 고등학교를 졸업하고 곧장 사회생활을 시작하는 사회 초년생들이나 은퇴 이후에 일을 하려는 사람들 중에서 비정규직 노동자 수가 많이 늘어났다는 것을 알 수 있지요."

아이들이 고개를 끄덕였다.

"앞서 친구들이 발표한 대로 비정규직 일자리는 우리나라의 경제 위기 속에서 그 수가 늘어났습니다. 그리고 비정규직과 정규직은 그 일자리의 질에 있어서 많은 차이가 있지요. 그렇지만 이런 차이가 있음을 알고 정부와 기업에서 많은 노력을 기울이고 있다고 하니 어떻게 발전해 나가는지 잘 지켜봐야겠습니다."

선생님의 말씀에 아이들이 고개를 끄덕였다.

## 중소기업과 노동자

"자, 그럼 다음 주제로 넘어가 볼게요. 이번에는 '중소기업 노동자들이 받는 대우는 불평등한 것일까?'입니다. 중소기업이란 말은 모두 알고 있나요?"

선생님의 질문에 대부분의 아이들이 고개를 끄덕였다.

"다들 잘 알고 있군요. 중소기업이란 대기업에 비해 자본금<sup>이익을 얻기 위해 사업에 투자한 돈</sup>이나 자산<sup>경제적인 가치가 있는 재산</sup>의 액수, 노동자의 수가 작은 회사를 뜻해요. 그런데 이런 회사의 규모뿐 아니라 다른 면에서도 대기업과는 크고 작은 차이들이 존재한다고 하지요. 자, 노동자 팀부터 주제 발표를 해 보겠습니다."

신중하고 조용한 성격의 영지가 자료를 뚫어져라 쳐다보더니 차분하게 발표를 시작했다.

"우리가 매일 쓰는 휴대 전화, 그리고 집집마다 있는 TV와 세탁기, 자동차는 모두 대기업에서 만든 것입니다. 이처럼 우리는 대기업 제품들을 자주 볼 수 있기 때문에 대기업에서 일하는 사람들이 아주 많을 거라 생각하기 쉽습니다. 하지만 실제로는 중소기업에서 일하는 노동자들의 수가 훨씬 많다고 해요. 2020년 통계에 의하면 중견 기업과 대기업에서 일하는 노동자 수가 약 292만 명, 그리고 중소기업에서 일하는 노동자 수는 약 1,538만 명입니다."

영지는 숨을 한 번 몰아쉬고는 말을 계속했다.

"이번 토론을 준비하면서 저는 우리 반 친구들을 대상으로 몇 가지 설문 조사를 했습니다. 우리 반 친구들의 부모님들 중 회사에 다니는 사람은 48명이고, 이 중에서 중소기업에 다니는 사람은 30명이었습니다. 우리나라의 근로 기준법에 따르면 노동 시간은 하루 8시간, 1주일 40시간으로 정해져 있습니다. 그리고 1년 동안 토, 일요일을 제외하고 15일의 휴가를 사용할 수 있지요. 그런데 중소기업에 다니는 부모님들 중 이 규정에 맞게 일하는 사람은 단 8명 뿐이었습니다."

아이들의 입에서 '우와' 하는 소리가 터져 나왔다.

"문제는 이뿐만이 아닙니다. 우리나라에서는 아기를 낳고 나서 3개월 동안 몸조리를 할 수 있도록 법으로 출산 휴가를 정해 두고 있습니다. 또한 아기를 키우기 위해 1년 동안 일을 쉴 수 있는 육아 휴직도 있지요.

그런데 중소기업에 다니는 우리 반 어머니들 중에서 출산 휴가, 또는 육아 휴직이 끝나고 난 뒤 다시 회사로 돌아간 경우는 얼마나 될까요?"

느닷없는 질문에 아이들은 고개를 갸웃거렸다.

"정답은 3명입니다."

"뭐?"

아이들은 깜짝 놀란 듯 소리를 질렀다.

"이와 같이 중소기업 노동자들은 법에 정해진 대로 일을 하는 경우가 많지 않습니다. 사실 제가 이 토론에 참가하고 싶었던 이유도 저희 부모님이 중소기업에 다니고 계시기 때문입니다. 지난 추석 연휴 때 우리는 4일 동안 학교에 나오지 않았습니다. 원래 추석 연휴는 3일이지만, 대체 휴일 하루를 더 쉬었기 때문입니다. 대체 휴일이란 설, 추석 연휴나 어린이날이 토요일, 또는 공휴일과 겹칠 때, 그다음 평일을 공휴일로 지정하여 쉬도록 하는 것이지요. 그렇기 때문에 관공서나 대기업 들은 모두 4일 동안 쉴 수 있었습니다."

아이들이 고개를 끄덕였다.

"그렇지만 저희 부모님은 두 분 다 3일만 쉬셨습니다. 이처럼 중소기업 노동자들은 휴일조차 제대로 쉬지 못하면서 대기업 노동자들에 비해 훨씬 적은 돈을 받고 일을 합니다. 저는 이런 점이 너무나 불평등하다고 생각합니다."

목에 핏대까지 세워 가며 열심히 발표를 마친 영지는 길게 한숨을 내쉰 후 자리에 앉았다.

"영지의 발표, 아주 잘 들었습니다. 이번에는 자본가 팀의 주제 발표를 들어 보겠습니다."

이번엔 자본가 팀의 혜린이가 자료를 보며 발표를 시작했다.

"중소기업이란 대기업보다 작은 회사, 노동자의 수가 300명 미만인 회사를 뜻합니다. 이런 회사들을 중소기업이라고 부르는 이유는 단지 회사의 크기 때문만은 아닙니다. 중소기업은 대기업에 비해 훨씬 적은 돈으로 만든 회사입니다. 이처럼 가지고 있는 돈이 적기 때문에 투자를 많이 하지 못합니다. 투자를 많이 못하니까 거두어들이는 이익이 적고, 이익이 적으니까 노동자들에게 충분한 혜택을 주지 못합니다."

혜린이는 높아진 목소리를 잠시 가다듬고 말을 이어 갔다.

"중소기업 노동자가 더 좋은 환경에서 일하려면 중소기업이 좋아져야 합니다. 그렇기 때문에 우리는 어떻게 하면 중소기업들이 더 이익을 많이 거두어들일 수 있을지에 대해서 먼저 고민해 봐야 한다고 생각합니다."

혜린이가 침착한 표정으로 발표를 마쳤다.

"자, 두 팀의 주제 발표를 잘 들어 봤습니다. 노동자 팀은 중소기업 노동자들의 열악한 환경을 개선해야 한다는 주장을 했고, 자본가 팀은 중소기업이 더욱 성장하려면 어떻게 해야 하는지 함께 고민해 봐야 한다고 주장했지요. 그럼 이번에는 서로의 주제 발표에 대한 반대 의견이나 질문을 해 보겠습니다."

우진이가 손을 번쩍 들었다.

"지금 발표하는 동안 중소기업 노동자들이 돈을 적게 번다는 이야기를 계속 했는데요, 대기업에 비해 얼마나 적게 벌기에 그렇게 이야기하는 건가요?"

영지는 기다렸다는 듯 커다란 판에 붙인 표 하나를 들어 보였다.

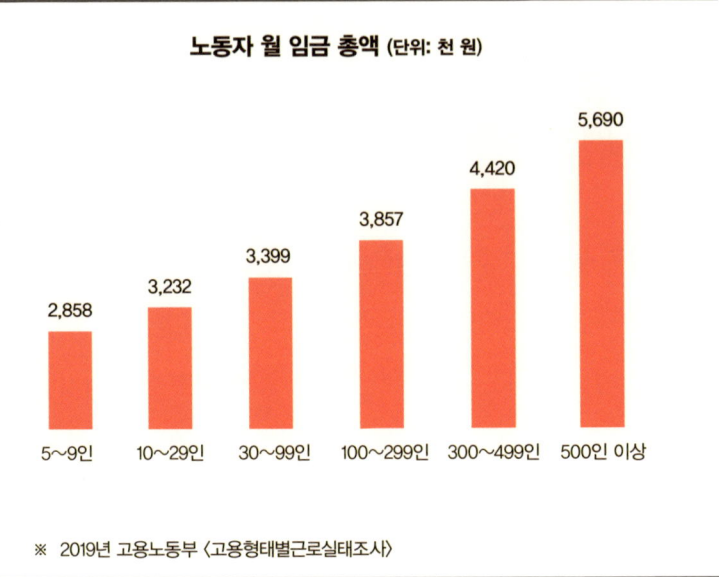

"이 표는 회사의 규모, 즉 노동자들의 수에 따른 우리나라 노동자들의 평균 월급을 나타낸 표입니다."

아이들이 눈을 동그랗게 뜨고 표를 살펴보았다.

"여기에 보면 직원 수가 3백 명이 넘는 중견 기업, 대기업 노동자들은 5인 이상 10인 미만의 중소기업 노동자들보다 거의 두 배까지 차이가 나는 월급을 받습니다."

"잠깐만요!"

준서가 손을 들었다.

"대기업 노동자들의 월급 액수가 큰 것은 모두가 다 월급을 많이 받아서가 아니라 윗사람들이 아주 많이 받기 때문인 것 같은데요? 그렇게 따지면 중소기업 노동자들보다 적게 받는 대기업 노동자들도 많이 있을 것 같습니다."

"물론 그럴 수 있습니다. 그렇지만 한 명 한 명 찾아다니면서 조사할 수는 없잖아요?"

영지는 단호하게 말했다. 준서도 더 이상은 묻지 않았다. 이번에는 혜린이가 손을 들었다.

"주제 발표에서 여성 노동자들이 아기를 낳고 휴가가 끝난 뒤에 다시 그 회사에 들어가지 못하는 경우가 많다고 했는데요, 그 이유는 무엇인가요?"

영지는 또다시 기다렸다는 듯 말문을 열었다.

"사실 그 문제의 핵심은 출산 휴가와 육아 휴직이 끝난 후가 아닙니다. 아예 출산 휴가와 육아 휴직을 제대로 사용하지 못하는 경우가 더 많다는 게 문제죠. 아기를 낳고 키우느라 일을 쉬는 출산 휴가와 육아 휴직 기간에는 노동자에게 일정한 액수의 돈을 주도록 되어 있습니다. 회사 입장에서는 이런 것들이 달갑지 않으니까 그만두라고 하는 것이죠. 상황이 이러니 여성 노동자들의 경우 아기를 낳으면서 일을 하지 못하는 경우가 많은 것입니다."

"저는 조금 다르게 생각했는데요."

혜린이는 고개를 한쪽으로 기울이며 말했다.

"회사에서 달갑지 않아 하는 게 아니라 자신의 뜻에 따라 그만두는 사람들도 많다고 하던데요? 아기를 낳고 나서 돌봐 줄 사람이 마땅치 않거나, 아기를 더 잘 키우기 위해 그만두는 사람들도 많다고 들었습니다. 만일 그렇다면 그건 회사의 문제가 아니잖아요."

"그게 과연 개인적인 이유일까요? 아기를 믿고 맡길 만한 육아 시설이 턱없이 부족한 것도, 아기를 잘 키울 수 있도록 배려해 주지 못하는 것도 모두 사회적인 문제입니다."

"사회적인 문제니까 사회가 함께 해결해 나가야지, 회사 단독으로만 해결할 수 있는 건 아니잖아요."

영지와 혜린이 사이에 날카로운 설전이 이어졌다. 영지는 급히 자료 하나를 꺼내 들었다.

"이건 좀 예전 기사이긴 한데요, 도움이 될 것 같아서 가지고 왔습니다. 우리나라의 어느 항공 회사는 법적으로 보장된 출산 휴가와 육아 휴직 말고도 임신, 출산, 육아의 기간 동안 총 19개월을 쉴 수 있도록 했습니다. 그리고 휴직을 마치고 돌아오면 적응 기간을 따로 주어 일을 잘할 수 있도록 돕고, 이 회사의 회장님은 '아이가 하나면 외로우니 둘째를 낳도록 하라.'며 출산과 육아를 권하고 있다고 합니다."

"우와!"

아이들의 입에서 탄성이 터져 나왔다.

"항공 회사에는 여성 노동자들이 굉장히 많습니다. 그런데도 모두에게 이런 혜택을 주고 있습니다. 이런 기업들이 많아져야 사회적인 인식도 바뀌고, 아기를 낳고 키우는 여성들이 일하기 좋은 사회가 될 것입니다. 그런데 이 회사는 대기업이기 때문에 이런 혜택도 줄 수 있는 거라 생각합니다. 중소기업에 다니는 여성들에게는 꿈과 같은 이야기지요."

아이들이 모두 고개를 끄덕였다. 혜린이는 곰곰이 생각만 할 뿐, 아무 말도 하지 않았다.

"자, 이번에는 노동자 팀에서 자본가 팀에 질문이나 의견 있으면 말해 볼까?"

"중소기업이 돈을 많이 벌어야 투자도 할 수 있고 일하는 환경도 좋게 만들 수 있다고 했잖아요. 그렇다면 중소기업 노동자들은 회사가 엄청 돈을 잘 벌 수 있을 때까지 그냥 기다려야만 하는 건가요?"

서현이가 조용한 말투로 질문을 던졌다. 그러자 우진이가 손을 들면서 동시에 대답을 했다.

"사실 누구나 대기업에 가고 싶어 할 것입니다. 그런데 대기업은 경쟁률이 높으니까 못 들어가는 사람들이 많고, 그 사람들이 중소기업으로 가는 것입니다. 솔직히 좋은 환경에서 일하고 싶으면 노력해서 대기업으로 가면 됩니다."

"뭐야!"

아이들이 우진이를 노려보았다.

"지금 장난하는 것도 아니고……. 대기업에 못 가서 중소기업으로 갔으면 나쁜 환경도 감수하고 일하라는 건가요?"

서현이가 발끈했다.

"아직 본론을 얘기 안 했는데……. 하여튼, 중소기업이 갑자기 대기업으로 변하는 건 기대할 수 없습니다. 그러면 중소기업 노동자들은 어떻게 해야 할까요?"

우진이는 잠깐 뜸을 들이고 나서 말했다.

"자기가 다니는 회사를 대기업처럼 크게 만들어야 합니다. 더 열심히 일해서 회사가 돈을 많이 벌게 되면 결국 큰 회사가 될 것이고, 그러면 환경도 더 좋아질 것입니다. 그러니까 제 말은…… 나중을 위해 지금 힘든 건 조금 참아야 한다는 것입니다."

"뭐래."

아이들이 입을 모아 야유를 했다. 같은 팀인 혜린이의 얼굴이 하얗게 질렸다. 혜린이는 잠시 생각하더니 우진이를 살짝 노려보고 나서 손을 들었다.

"제가 조금 덧붙이고 싶은데요. 우진이의 말처럼 중소기업이 당장 대기업처럼 될 수는 없습니다. 그러면 현실을 받아들여야 하지 않을까요? 아무리 회사가 노력을 한다 해도 노동자들이 원하는 것을 모두 들어줄 수는 없을 것입니다. 그럴 땐 노동자들도 무작정 요구만 할 것이 아니라 회사 사정을 생각해서 함께 해결해 나가야 한다고 생각합니다."

말을 마치고 혜린이는 입술을 꾹 깨물었다.

"다른 반대 의견이나 질문 없나요?"

선생님의 질문에 두 팀 아이들은 모두 말이 없었다.

"아주 시간이 갈수록 토론 실력이 쑥쑥 늘어나네. 오늘 말 너무 많이 해서 힘들지?"

두 팀의 아이들 모두가 고개를 끄덕였다.

"그래. 그러면 이쯤에서 마무리 발언하고 마치도록 합시다."

## 입장 바꿔 생각하기

먼저 자본가 팀의 준서가 손을 들었다.
"저희 아빠도 회사에서 힘들게 일하고 계십니다. 그렇기 때문에 노동자들이 얼마나 힘들게 일하는지는 저도 조금은 알고 있습니다. 그렇지만 회사에서 하는 일이 옳지 않게 느껴진다고 해서 파업이나 시위 같은 방법을 택하는 건 문제가 있다고 생각해요. 자본가들도 힘들게 일한 경험과 열심히 배운 지식을 바탕으로 회사를 운영하는 사람입니다. 무엇보다 회사가 잘 성장하기를 진심으로 바라는 사람이 바로 자본가들입니다. 그런 자본가들의 입장을 이해하고, 노동자들도 열심히 노력을 해야 한다고 생각합니다."

준서의 말이 끝나고 난 뒤 민준이가 손을 들었다.
"자본가는 회사를 성장시키고 싶어 하는 사람들입니다. 그래서일까요? 회사의 성장만 생각한 나머지 노동자들이 희생하는 모습은 잘 보지 못하는 것 같아요. 얼마 전부터 '갑'과 '을'이라는 말이 뉴스와 신문에 많이 나왔습니다. 우리 사회에서 자본가들은 '갑'이고, 노동자들은 '을'입니다. 갑은 언제나 을의 위에 있고, 그렇기 때문에 갑이 양심을 갖고 일하지 않으면 을은 늘 당하게만 됩니다. 회사를 운영하는 사람이라면 뛰어난 경영 능력과 함께 양심도 가지고 있어야 합니다. 그런 자본가가 있어야 노동자들도 더욱 힘을 내서 일할 수 있을 것입니다."

민준이가 발표를 마치고 자료를 책상에 내려놓았다. 그러자 선생님이

아이들을 둘러보며 말했다.

"자본가와 노동자 모두 이 사회를 위해 열심히 일하는 사람들입니다. 오늘 토론에서도 보았듯 자본가와 노동자가 이야기하고 싶은 것은 크게 다르지 않습니다. 서로의 입장을 잘 이해하고, 회사와 사회의 발전을 위해 함께 노력하자는 것이지요."

아이들은 고개를 끄덕였다.

"자본가 팀과 노동자 팀, 모두들 정말 준비도 잘 했고, 토론도 열심히 잘해 주었습니다. 오늘 토론을 하면서 다음 토론에서 어떤 이야기를 해야 할지 벌써 주제가 떠올랐어요. 모두 여러분 덕분입니다."

선생님 말에 아이들이 와하하 웃음을 터뜨렸다.

"오늘 대기업과 중소기업에 관한 이야기가 나왔죠? 그래서 다음 시간에는 '우리 사회와 재벌'에 대해 이야기를 좀 해 볼까 하는데, 재미있겠죠?"

아이들은 멀뚱히 선생님을 쳐다볼 뿐 대답을 하지 않았다.

"그럼 오늘 토론은 이만 끝! 다음 시간에 봅시다!"

혜린이는 길게 한숨을 내쉬었다. 토론은 재미가 큰 만큼 힘도 많이 드는 것 같았다.

"혜린아, 나 오늘 너무 힘을 빼서 다음 주까지 토론을 할 힘이 없어."

서현이가 울상을 지어 보였다. 혜린이는 조용히 웃었다.

"혜린이 넌 체질인가 봐. 토론 체질……."

서현이 말을 가만히 듣고만 있던 민준이가 한 마디 던졌다.

"싸움 체질이겠지."

책상을 정리하던 아이들이 모두 함께 큰 소리로 웃었다.

## 함께 정리해 보기
### 일하는 사람, 일 시키는 사람

| 자본가 | 논쟁이 되는 문제 | 노동자 |
|---|---|---|
| 자본가들은 회사를 잘 경영하고, 나아가 경제 발전에 기여하기 위해 많은 노력을 하고 있다. | 현대 사회에서 자본가들은 자신의 역할을 다하고 있을까? | 노동자들은 누구보다 열심히 일하고 있지만 자본가들로부터 제대로 된 대우를 받지 못하고 있다. |
| 노동자들이 더 나은 환경에서 일할 수 있도록 자본가들도 많은 관심과 노력을 기울이고 있다. | 노동자들은 적절한 노동 환경에서 일하고 있을까? | 우리 사회 곳곳에는 건강과 안전을 위협하는 노동 현장에서 일하는 노동자들이 많다. |
| 현실적으로 비정규직 일자리를 모두 정규직으로 바꿀 수 없으며, 비정규직 노동자 보호를 위한 정책들이 많이 시행되고 있다. | 비정규직 일자리, 우리 사회에서 꼭 필요한 것인가? | 비정규직 노동자들은 정규직 노동자들과 같은 대우를 받지 못하며, 직장을 잃을 수도 있다는 불안감에 시달리고 있다. |
| 노동자들도 자신들의 권리만을 주장하기보다는 회사 사정에 따라 융통성 있게 일해야 한다. | 중소기업 노동자들이 받는 대우는 불평등한 것일까? | 대기업과 달리 중소기업 노동자들은 법으로 정해진 휴일조차 쉬지 못할 정도로 고된 노동에 시달리고 있다. |

## 3장

# 우리 사회와 재벌

여러분은 '재벌' 하면 어떤 이미지가 떠오르나요? 으리으리하고 높은 건물을 가지고 있는 사람이나, 써도 써도 줄지 않을 만큼 돈이 많은 부자의 모습이 떠오를지도 모릅니다. 그러나 재벌은 그냥 돈이 많은 부자라는 말만으로는 설명이 조금 부족합니다.

우리 사회에 재벌이라는 말이 처음 등장한 건 1960년대입니다. 그 뒤로 재벌은 질적, 양적으로 엄청나게 커졌고, 이제는 우리나라 전체에 아주 큰 영향을 미치고 있습니다. 그렇기 때문에 우리 사회와 경제를 말하려면 재벌에 대한 이야기는 빼놓을 수 없습니다.

재벌이 우리 생활과 사회에 어떤 영향을 얼마나 미치고 있는지 함께 알아보도록 합시다.

## 재벌 성장 팀

혜린   서현   준서

1960년대, 우리나라 경제를 발전시킨 일등 공신은 재벌 기업이었어. 이들의 노력이 없었다면 우리나라는 지금처럼 잘살지 못했을지도 몰라. 재벌 기업이 세운 대형 마트 등이 골목 상권을 위협한다고 하는데, 재래시장이 더 쾌적하면 사람들이 재래시장에 가지 대형 마트에 가겠어? 또 재벌 기업은 공익 재단과 장학 재단을 세우는 등, 사회적으로 좋은 일을 많이 하고 있어. 땀 흘려 번 돈을 어떻게 쓰는가는 개인의 자유이며, 재벌은 이미 다양한 방법으로 분배적 정의를 실현하고 있다고 생각해.

## 동반 성장 팀

영지    민준    우진

재벌 기업이 과거 우리나라 경제에 이바지한 것은 인정해. 하지만 그들의 탐욕이 우리나라 경제를 망친 것도 사실이야. 대부분의 재벌 기업들이 여러 가지 산업으로 발을 뻗치면서 중소기업들이 설 자리가 없게 만들었으니까. 재벌 기업은 막대한 자본을 무기로 골목 상권까지 위협하고 있어. 먹고 살기 힘든 사람들의 밥그릇까지 빼앗아서야 되겠어? 그리고 재벌은 돈과 권력을 이용해서 각종 비리와 사건 사고를 일으키고 있어. 재벌 기업은 규모에 비해 올바른 분배적 정의를 실현하고 있다고 보기 힘들어.

# 우리 사회와 재벌

## 재벌은 경제 성장의 주역일까?

"으이그, 문제야, 문제……."

뉴스를 보던 아빠가 한숨을 쉬며 말했다. 소파에 앉아 친구와 SNS 메시지를 주고받던 혜린이는 아빠의 목소리에 깜짝 놀라 고개를 들었다.

"아빠, 지금 저한테 하신 말씀이세요?"

혜린이는 휴대 전화를 내려놓으며 어깨를 움츠렸다.

"그게 아니고, 어떤 재벌 집안에서 아이들을 사립 학교에 부정 입학 시켰다고 하잖아. 돈과 권력이면 자식 교육도 다 되는 건가 싶네."

"재벌이면 권력도 가지고 있는 거예요?"

혜린이가 눈을 반짝이며 물었다.

"요즘 같은 세상에서야 돈이 곧 권력이지, 뭐."

식탁을 정리하고 있던 엄마가 말했다.

"엄마, 오늘 기분이 안 좋으신가 봐요."

혜린이가 웃으며 엄마의 얼굴을 살폈다.

"좋을 리 없지. 우리 같은 서민들은 얼마 되지 않는 돈으로 쪼개고 나누며 살아가야 하는데, 재벌들은 마음껏 쓰면서 살아도 늘 돈도 많고 힘도 있잖아."

"그것도 다 우리 같은 서민들에게서 벌어들이는 돈으로……."

엄마의 말에 아빠도 맞장구를 쳤다.

"그런데요, 아무리 그래도 재벌이 우리 사회에 꼭 필요한 이유도 있지 않아요?"

혜린이의 말에 엄마와 아빠는 서로의 얼굴을 멀뚱히 쳐다보았다. 그리고 잠시 후, 어색한 침묵을 깨고 아빠가 말했다.

"글쎄, 좋은 물건 만드는 거?"

"에이, 투자 많이 하고 기술만 충분하면 중소기업에서도 좋은 물건은 만들 수 있어. 중소기업 이름표를 붙이면 잘 안 팔리는 게 문제지."

엄마가 말을 마치자 또 한번 침묵이 흘렀다. 혜린이는 길게 한숨을 쉬었다. 그러자 아빠가 고개를 갸웃거리며 물었다.

"너 왜 그래?"

"이번 토론에서 제가 우리 사회에 재벌이 꼭 있어야 한다는 주장을 해야 하거든요. 그런데 무슨 말부터 해야 할지 모르겠어요."

아빠는 한참 동안 생각하다가 혜린이의 어깨에 손을 얹으며 말했다.

"혜린아, 이번 토론은 아빠가 도와주기 힘들겠구나. 혼자 씩씩하게 잘 해 보렴."

"후우……."

토론을 준비할 때마다 함께 자료도 찾아 주고, 이야기도 많이 해 주었던 아빠가 이번만큼은 달랐다. 혜린이는 조금 서운한 생각이 들었지만, 한편으로는 아빠까지도 설득시키겠다는 각오로 더 열심히 준비를 해야겠다는 생각도 들었다.

 토론이 시작되기 전, 혜린이는 준비해 온 자료들을 계속해서 정리하고 읽어 보았다. 잠시 후, 선생님이 들어오자 아이들은 얼른 자세를 고쳐 앉았다.
 "기다리던 토론 시간이 왔습니다. 오늘은 지난 시간에 이야기한 대로 재벌에 대해 토론을 해 볼 텐데요. 재벌은 큰 회사를 여러 개 가지고 있는 기업 집단을 말합니다. 재벌은 자본주의의 상징으로도 불리기 때문에 자본주의 논쟁에서는 빼놓을 수 없는 주제이기도 하지요. 오늘 토론은 재벌 성장 팀과 동반 성장 팀으로 나뉘어 진행이 될 텐데요, 재벌 성장 팀은 오혜린, 이서현, 박준서, 그리고 동반 성장 팀은 서영지, 윤민준, 김우진입니다. 그럼 첫 번째 주제인 '재벌은 사회 발전에 독일까, 약일까?'에 대한 주제 발표부터 시작해 보겠습니다. 누가 준비했지?"
 혜린이와 민준이가 손을 들었다.
 '헉, 민준이다.'
 혜린이의 마음이 순간 덜컹했다. 민준이는 누가 봐도 일주일 내내 토론 시간만 기다린 아이처럼 철두철미하게 준비를 하곤 했었다.
 "그럼 혜린이부터 해 볼까?"
 혜린이는 심호흡을 한 번 하고 말문을 열었다.
 "먼저 질문을 하나 할게요. 혹시 1960년대에 가장 인기 있던 명절 선물이 뭔지 아나요?"

혜린이의 질문에 아이들은 어안이 벙벙한 표정이었다. 잠시 후, 혜린이가 싱긋 웃으며 설탕 한 봉지를 들어 올렸다.

"정답은 바로 이것입니다."

"설탕?"

"정말?"

아이들은 놀란 듯 웅성거렸다. 혜린이는 자료를 한 번 내려다본 후 곧장 말을 이어 갔다.

"한국 전쟁이 끝난 뒤, 우리나라는 자원이 너무나 부족했습니다. 그래서 설탕이나 밀가루, 섬유 등의 자원들을 해외에서 수입할 수밖에 없었지요. 그렇지만 전쟁 때문에 나라 전체가 가난해졌기 때문에 수입할 수 있는 자원의 양은 아주 적었습니다."

혜린이는 아이들을 한 번 둘러보았다. 모두 고개를 끄덕이고 있었다.

"1960년대 우리나라 정부는 전쟁으로 엉망이 된 나라를 살리는 데 모든 힘을 기울였습니다. 그러려면 가장 먼저 경제를 발전시켜야 했지요. 그 방법의 하나로 정부에서는 수입한 적은 양의 자원을 능력 있는 경영인 몇 명에게 몰아서 주었습니다. 그때 정부로부터 자원을 받은 기업들이 바로 지금의 재벌로 성장했습니다. 물론 설탕의 원료를 들여와 가공하는 일을 했던 회사도 지금은 우리나라 최고의 재벌이 되었습니다."

혜린이는 다시 한번 설탕을 아이들에게 보여 주었다.

"이처럼 정부의 지원으로 돈을 많이 번 재벌 기업들은 사회 여러 분야에 많은 투자를 했습니다. 그 덕분에 우리나라는 '한강의 기적'이라 불리는 경제 성장을 이룰 수 있었지요. 그리고 지금, 우리나라의 재벌들은 글로벌 기업으로 성장하여 전 세계에서 이름을 떨치고 있습니다. 재벌은 이처럼 나라를 성장시키고, 또 세계에 우리나라의 위상을 높이고 있습니다. 지금의 우리나라가 있기까지 재벌들이 얼마나 큰 역할을 했는지 모두 인정해야 한다고 생각합니다."

혜린이는 차분한 목소리로 발표를 끝냈다. 선생님이 민준이에게 고갯짓을 했다. 민준이는 지체 없이 발표를 시작했다.

"한국 전쟁이 끝난 후, 정부는 전쟁 때문에 가난해진 나라를 살리기 위해 많은 노력을 했습니다. 그중 하나가 적은 양의 자원을 몇몇의 기업에 몰아주는 것이었고, 자원들을 독차지한 기업들은 비정상적으로 커졌습니다."

혜린이는 휘둥그레진 눈으로 민준이를 쳐다보았다. 분명히 같은 내용인데, 입장에 따라 저렇게 달라지다니……. 정말 놀라웠다.

"이렇게 커진 기업들은 원래의 사업이 아닌 다른 영역으로 눈을 돌립니다. 원래는 설탕을 만들던 제당 회사였는데 돈을 많이 벌고 난 뒤 전기, 전자, 보험 등으로 사업을 키워 나간 거죠. 이것을 '문어발식 확장'이라고 합니다. 많은 기업들의 문어발식 확장은 결국 1997년 우리나라에 경제 위기를 몰고 왔습니다. 결국 기업들의 성장은 거품일 뿐이었고, 그 거품이 꺼지자 모든 고통은 국민들이 감수해야 했습니다. 그리고 그 고통은 지금도 계속되고 있습니다. 재벌 기업들의 욕심을 이대로 두어서는 안 된다고 생각합니다."

민준이는 단호한 말투로 발표를 마쳤다.

## 경제 성장과 낙수 효과

"자, 이제 다음 순서는 말하지 않아도 잘 알겠지? 반대 의견이나 질문 있으면 손을 들고 자신의 생각을 말해 봅시다."

선생님이 아이들을 둘러보았다. 혜린이가 기다렸다는 듯 손을 들었다. 그리고 민준이를 똑바로 쳐다보며 물었다.

"재벌이 경제 성장을 주도했다는 저희 팀의 발표 내용에 대해서는 어떤 입장인가요?"

민준이는 그럴 줄 알았다는 듯 고개를 끄덕이며 말문을 열었다.

"제가 찾아본 자료에도 1960년대 경제 성장을 재벌이 주도했다는 내용이 많이 있었습니다. 정부의 도움으로 성장한 재벌들은 공장, 가게와 같은 사업장을 늘려 많은 사람들에게 일자리를 주었습니다. 그 결과 국민 소득이 늘어나고, 저소득층에게도 그 혜택이 돌아가 나라 전체의 경제 상황이 좋아졌다는 것이지요."

민준이가 발표를 하는 사이 영지가 민준이에게 눈짓을 하며 손을 들었다. 민준이는 짧게 발표를 마치고 영지에게 발언 기회를 넘겼다.

"민준이가 이야기한 내용을 다른 말로 낙수 효과라고 합니다."

영지는 그림이 그려진 판 하나를 들어 보였다.

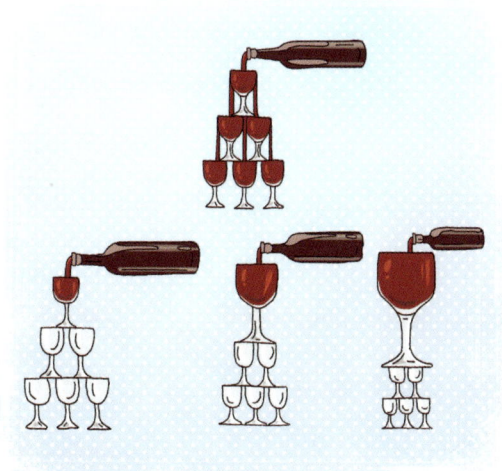

"위쪽에 있는 그림이 낙수 효과의 원리를 설명한 그림입니다. 맨 위의

컵이 넘치면 물이 떨어져 아래에 쌓여 있던 컵도 모두 가득 차게 됩니다. 여기에서 맨 위에 있는 컵이 재벌 기업이고 아래쪽에 있는 컵들이 중소기업이나 저소득층 들이지요."

영지가 설명을 하는 동안 아이들이 웅성거렸다.

"저 아래 그림은 뭐야?"

"위에 있는 컵은 왜 저렇게 커?"

영지는 싱긋 웃으며 발표를 계속했다.

"낙수 효과가 나라의 경제를 성장시키려면 위의 그림처럼 컵의 크기가 모두 같아야 합니다. 1960년대에 재벌이 우리나라의 경제 성장을 이끌 수 있었던 이유는 재벌의 컵 크기도 별로 크지 않았기 때문입니다. 그런데 시간이 흐르고 재벌 기업만 커지면서 더 이상 1960년대처럼 낙수 효과가 나타나지 않았습니다. 그 이유는 맨 위의 컵, 즉 재벌만 커지고 아래쪽 컵들은 계속 작아졌기 때문입니다. 그러다 보니 맨 위의 컵에 차는 물의 양은 계속 늘어나고 아래쪽 컵으로는 물이 전혀 떨어지지 않았습니다. 이런 현상은 지금도 계속되고 있고, 이대로 재벌 기업만 계속 커 나간다면 아래쪽 컵은 와장창 깨져 버릴 수도 있습니다."

영지가 그림판을 내려놓으며 발표를 마쳤다. 많은 아이들이 고개를 끄덕였다. 그때 서현이가 손을 들었다.

"저는 솔직히 이해가 잘되지 않는데요, 지금도 재벌들이 운영하는 대기업들이 사람들에게 일자리를 주고 있잖아요. 그런데 왜 낙수 효과가 전혀 없다고 하는지……."

"낙수 효과는 나라의 전체적인 경제 상황과 관련이 있어요. 기업의 직원이 많아지는 건 그 회사의 일일 뿐, 나라의 경제 상황과는 상관이 없어요. 오히려 재벌 기업이 커지는 동안 작은 회사들이나 작은 가게를 운영하는 사람들은 점점 더 힘들어지고 있습니다. 재벌 기업이 운영하는 대형 마트나 체인점들 때문에 문을 닫는 재래시장, 가게들이 얼마나 많은데요. 이게 바로 아래에 깔려 있는 작은 컵들의 모습인 것입니다."

많은 아이들이 고개를 끄덕였다. 그때, 준서가 손을 들었다.

## 대형 마트와 재래시장

"저도 뉴스에서 재벌 기업들이 사업을 많이 벌여서 그, 뭐더라………?"

준서가 급히 자료를 뒤적였다.

"아, 골목 상권, 골목 상권을 위협한다는 이야기를 들었습니다. 그런데요, 사람들이 재래시장에 많이 가지 않는 건 불편해서 그런 것 아닌가요? 솔직히 대형 마트는 환경도 깨끗하고, 일하는 사람들도 친절하고, 물건을 바꾸거나 돈으로 돌려받기도 쉬워요. 그렇지만 재래시장은 주차할 곳도 마땅치 않고, 물건을 바꾸거나 돈으로 돌려받기도 어렵습니다. 사람들은 점점 더 편한 곳을 찾는데, 예전과 똑같은 방식으로 장사를 하면서 사람들이 찾지 않는다고 불평만 하면 안 되잖아요. 불편한 점을 개선하고 사람들이 많이 올 수 있도록 노력하면 재래시장도 대형 마트와의 경쟁에서

살아남을 수 있다고 생각합니다."

준서가 발표를 마치자 영지가 손을 들었다.

"그렇지 않습니다. 주차를 많이 할 수 있도록 주차 공간을 넓히고, 대형 마트처럼 쇼핑 카트를 준비해 두고 상품권으로 물건을 살 수 있게 하는 등 재래시장들은 정말 많은 노력을 하고 있습니다. 그렇지만 그런 노력만으로는 대형 마트를 이길 수 없습니다. 재벌은 엄청난 자본이 있기 때문에 마음만 먹으면 어느 곳에든 대형 마트를 세울 수 있고, 물건도 싸게 팔 수 있습니다. 재래시장이 살아나려면 재벌 기업이 욕심을 버려야 합니다."

영지의 발표가 끝나기 무섭게 우진이가 손을 들었다.

"영지의 발언에 좀 덧붙일 게 있는데요, 저는 사람들의 생각도 문제라고 생각합니다. 재벌 기업이 운영하는 대형 마트가 더 좋다고 생각해서 재래시장에는 잘 가지 않는 사람들이 너무 많습니다."

우진이의 말을 듣던 준서가 손을 들었다.

> **재래시장의 변화**
>
> 서울 종로구 통인 시장에는 도시락 뷔페가 있다. 시장에서 각종 반찬을 팔던 상인들이 힘을 모아 만든 뷔페이다. 저렴한 가격과 다양한 반찬의 가짓수, 상인들의 손맛 때문에 점심시간이면 도시락 뷔페를 이용하려는 사람들이 길게 줄을 서 있다고 한다.
> 전주 남부 시장에는 젊은 청년 사업가들이 모여 만든 청년몰이 있다. 청년몰에는 창의력 넘치는 간판을 내건 음식점, 소품 가게 등이 모여 있는데, 시장을 이용하는 사람들은 물론, 관광객들의 발길까지 이어지고 있다.

"저는 이해가 잘 안 가는데요, 사람들이 대형 마트에 더 많이 가는 게 단지 재벌 기업에서 운영하는 곳이기 때문일까요? 대형 마트에 가 봤더니 더 편리하고 깨끗하고 좋으니까 그렇게 생각하는 거잖아요. 사람들의 생각까지 재벌 기업이 어떻게 바꿀 수 있죠?"

준서의 말에 고개를 끄덕이는 아이들의 수가 많아졌다. 재벌 성장 팀의 혜린이는 가슴을 쓸어내렸다.

"명절 때가 다가오면 언론에서는 대형 마트와 재래시장에서 산 제사 음식 재료의 가격을 비교하는 내용이 나오곤 합니다. 늘 결과는 재래시장에서 훨씬 싸게 구입할 수 있다는 것이었지요. 그렇지만 여전히 사람들은 재래시장보다는 대형 마트를 찾습니다. 그 이유는 방금 전에 말했듯 벌어들인 돈으로 계속해서 광고를 하고, 마트의 수를 늘려 가기 때문입니다. 재벌 기업에서 홍보를 적게 하고, 재래시장과 가까운 곳에는 대형 마트를 짓지 않고, 더 이상 대형 마트의 수를 늘리지만 않아도 상황은 많이 바뀔 거라 생각합니다."

영지가 심각한 표정으로 말했지만, 아이들은 고개를 갸웃거리기만 했다. 그러자 선생님이 아이들을 향해 말했다.

"자, 그럼 여기에서 우리 학생 논객들 이야기 한번 들어 볼까요? 누가 이야기를 좀 해 볼까?"

슬슬 눈치를 살피던 아이들 틈에서 가영이가 손을 들었다.

"저도 엄마를 따라 가끔 재래시장에 가는데, 물건을 사면 덤도 많이 주고 정말 좋았습니다. 그래서 오늘 토론을 하면서도 재래시장이 더 잘 되었으면 좋겠다는 생각이 들었어요. 그런데 대형 마트와의 경쟁에서 이길 수 있는 방법은 솔직히 잘 떠오르지 않았습니다. 대형 마트를 운영하는 재벌 기업이 돈이 많기 때문에 재래시장을 이기고 있다는 영지의 의견에 동의하지만, 재래시장이 힘을 잃어 가는 것이 모두 재벌 기업의 책임은 아니라는 준서의 의견도 어느 정도는 맞는 것 같습니다."

가영이가 자리에 앉자 이번에는 성민이가 손을 들었다.

"저는 얼마 전에 음료수를 사러 대형 마트에 갔다가 문을 닫아서 동네 슈퍼마켓으로 갔습니다. 쉬는 날도 없고, 24시간 열려 있던 대형 마트가 일주일에 한 번을 쉬고, 밤에는 열지 않게 된 건 재래시장이나 골목 상권을 배려한 결정이라고 들었습니다. 이 정도면 대형 마트도 많은 노력을 하고 있다고 생각합니다."

"또 다른 의견 있나요?"

성민이가 자리에 앉자 선생님이 아이들을 둘러보았다. 아이들은 발표한 아이들과 생각이 비슷해서인지 쉽사리 손을 들지 않았다.

"그럼 이번에는 토론 팀에서 학생 논객들의 발표에 대한 의견이 있나요?"

민준이가 손을 들었다.

"성민이는 음료수 하나가 필요해서 동네 슈퍼마켓에 갔지만, 만일 살 것이 많았다면 어떻게 했을까요? 대형 마트가 하루 쉰다고 해서 일부러 재래시장을 갈까요? 아마 다음 날 대형 마트에 갔을 거예요. 그렇기 때문에 그런 방법이 재래시장과 골목 상권을 살리는 데 도움이 안 된다는 내용을 뉴스에서 봤습니다."

"그럼 대형 마트와 재래시장이 함께 잘되려면 조금 전에 영지가 발표한 것처럼 대형 마트를 더 이상 짓지 않고, 홍보를 적게 하고, 재래시장 근처에 대형 마트를 짓지 않으면 될 거라고 생각하나요?"

혜린이가 민준이를 쳐다보며 물었다.

"대형 마트가 없던 예전에는 우리 모두 동네 슈퍼마켓이나 재래시장을 이용했습니다. 그래도 전혀 불편한 점이 없었어요. 그런데 대형 마트가 생겨나면서 이 모든 문제가 벌어진 것입니다. 저는 영지가 발표한 내용 정도만이라도 지켜질 수 있다면 많이 달라질 거라고 생각합니다."

민준이의 말이 끝나자 교실에는 어색한 침묵이 맴돌았다.

"자, 재래시장과 대형 마트에 대한 두 팀의 의견이 좁혀질 것 같지가 않네요. 그럼 두 번째 논쟁거리로 넘어가 봅시다. 두 번째 주제는 '재벌의 골목 상권 진출은 정당할까?'입니다. 재벌 기업이 분식점이나 빵집과 같은 골목 상권으로 사업을 확장해 나가는 것에 대해서는 어떤 의견들을 가지고 있는지 한번 이야기해 볼까요?"

선생님이 토론팀 아이들을 번갈아 둘러보며 물었다. 선생님의 질문이 끝나기 무섭게 우진이가 손을 번쩍 들었다.

"우리 집에 와 본 친구들도 많겠지만, 저희 부모님은 빵집을 하세요. 제가 태어나기 전에는 그냥 동네 빵집을 운영하셨지만, 큰 기업의 체인점들이 하나둘씩 생기면서 장사가 잘 안 되었다고 해요. 그래서 제가 태어난 후, 부모님도 어느 기업의 체인 빵집으로 바꾸셨습니다. 다행히 그 뒤로는 그럭저럭 장사가 잘되었다고 해요."

우진이는 짧게 한숨을 내쉰 뒤 말을 계속했다.

"그런데 아빠는 지금도 예전 동네 빵집을 하실 때가 그립다는 말씀을 하세요. 그땐 어떤 빵을 만들지 고민도 많이 하고, 새로운 빵을 개발할 때마다 보람도 느꼈는데, 이제는 본사에서 정해 주는 빵만 만들어야 한다고 해요. 그러면서 이제는 빵을 만드는 사람이 아니라 빵을 파는 사람이 된 것 같다고 말씀하셨어요. 이번 토론 주제 때문에 저는 아빠께 재벌 기업들이 더 많은 체인점들을 만들어서 골목으로 들어오는 것에 대해 어

떻게 생각하시는지 여쭤보았습니다. 아빠는 단번에 그래서는 안 된다고 하셨습니다. 능력 있는 기술자들이 재벌 기업의 욕심 때문에 자신의 꿈을 펼치지 못하는 일이 너무 많다고 하셨어요. 그래서 저는 재벌 기업이 골목 상권으로 들어오는 건 절대 안 된다고 생각합니다."

평소 진지한 면이라고는 없던 우진이가 호소하듯 이야기하자 많은 아이들이 귀를 기울였다.

"음, 우진이가 가장 가까운 가족의 생생한 이야기로 마음에 와 닿는 발표를 해 주었습니다. 이에 대한 반대 의견도 있을 것 같은데?"

선생님의 말에 준서가 손을 들었다.

"재벌 기업의 체인점 때문에 동네 빵집들이 망했다고 하는데요, 실제로 재벌 기업의 빵집 때문에 망한 것인지, 아니면 사람들이 그 빵집을 찾지 않아 망한 것인지는 알 수 없잖아요."

우진이가 준서를 노려보았다. 준서는 우진이의 눈빛에 잠시 움찔하다가 발표를 이어 갔다.

"제 얘기는 동네 빵집이 다 그렇다는 게 아니고요, 저희 할머니께서 늘 '옛날에는 빵이 엄청 귀했다.'라고 말씀하시거든요. 그러니까 옛날에는 그냥 빵 자체가 고급이었던 거죠. 그런데 시간이 흐르면서 그 고급스럽던 제과점들이 촌스러워지기 시작했습니다. 그러니까 사람들은 되도록이면 더 가격이 싸고 고급스러운, 새로 생긴 빵집을 찾게 되는 것이죠. 그건 재벌 기업이 빵집을 만들어서가 아니라, 사람들의 취향이 변한 것입니다. 그런데 어찌 되었든 사람들은 재벌이 빵집을 운영하는 것을 별로 좋아하지 않습니다. 재벌 기업 역시 이런 사실을 알고 있기 때문에 지난

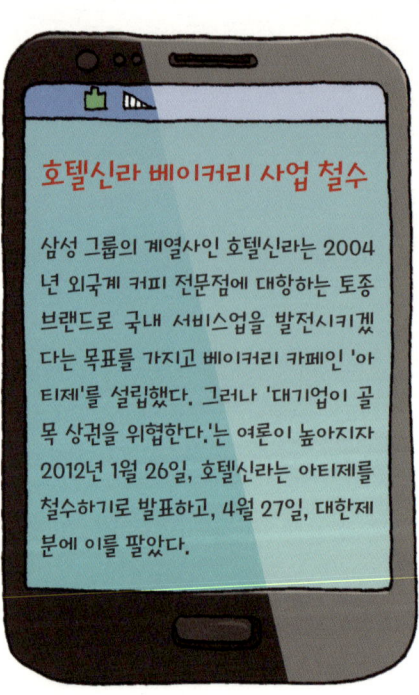

호텔신라 베이커리 사업 철수

삼성 그룹의 계열사인 호텔신라는 2004년 외국계 커피 전문점에 대항하는 토종 브랜드로 국내 서비스업을 발전시키겠다는 목표를 가지고 베이커리 카페인 '아티제'를 설립했다. 그러나 '대기업이 골목 상권을 위협한다.'는 여론이 높아지자 2012년 1월 26일, 호텔신라는 아티제를 철수하기로 발표하고, 4월 27일, 대한제분에 이를 팔았다.

2012년에는 한 재벌 기업에서 베이커리 카페 사업을 모두 철수하기도 했습니다. 이처럼 재벌 기업들이 무작정 욕심을 부려 사업을 확장시키는 것만은 아니라는 것을 모두가 알아야 합니다."

준서가 발표를 마치자 민준이가 손을 들었다.

"1960년, 처음 재벌이 등장하고 커 나갈 때는 분명히 낙수 효과가 있었습니다. 그 시대에는 아직 국내 산업의 종류가 많지 않았고, 재벌들이 새로운 산업을 주도했기 때문입니다. 그 후로 재벌은 점점 문어발을 뻗치며 성장했습니다. 이때 만일 재벌들이 벤처 기업들처럼 새로운 산업을 이끌며 일자리를 만들어 냈더라면, 우리는 지금도 낙수 효과를 볼 수 있었을 것입니다. 그렇지만 재벌들은 원래부터 있던 산업에 발을 뻗쳤고, 원래 그 일을 하던 사람들은 재벌의 힘에 밀려나게 되었습니다."

민준이는 영지가 갖고 있던 그림판을 다시 들어 올렸다. 그러고는 아래 그림의 작아진 컵들을 가리켰다.

"그러다 보니 여기 이 컵들은 처음과 달리 이렇게 작아져 버렸습니다. 재벌의 자본에 밀려서 쪼그라들어 버린 것이지요. 이 컵들 중에는 재래

> **벤처 기업**
>
> 새로운 기술과 아이디어를 바탕으로 만든 작은 회사들을 벤처 기업이라고 한다. 기존에 없던 새로운 분야에 도전하는 사업이기 때문에 위험성이 높기도 하지만, 그만큼 가능성도 크다는 특징이 있다. 벤처 기업으로 시작하여 세계적 기업으로 성장한 회사로는 반도체 설계, 제조 회사인 인텔, 인터넷 검색 엔진 야후, 컴퓨터 회사인 HP 등이 있다.

시장도 있고, 동네 빵집도 있을 것입니다. 재벌이 양심이 있다면 더 이상 이 컵이 작아지게 만들어서는 안 된다고 생각합니다."

민준이의 말에 영지가 크게 고개를 끄덕였다.

"자, 반대 의견 없나요?"

선생님의 질문에 혜린이가 손을 들었다.

"모든 것은 경쟁력이라고 생각합니다."

혜린이의 단호한 한 마디에 아이들은 귀를 쫑긋 세웠다.

"우리나라에는 좋은 제품을 팔아서 많은 돈을 버는 중소기업들도 많습니다. 세계 오토바이 헬멧 시장에서 점유율 1위를 차지한 회사도 우리나

라의 중소기업이고, 재벌 기업 제품들과 경쟁해서 당당히 이긴 소형 가전 제품 회사들도 모두 중소기업입니다. 이처럼 작은 회사들이지만 재벌 기업에 뒤지지 않았던 건 좋은 제품을 만들어 팔았기 때문입니다. 작은 회사들이 재벌에 밀려 피해를 보고 있다고만 생각할 게 아니라, 어떻게 하면 재벌 기업을 이길 수 있는 더 좋은 제품을 만들지를 고민해야 한다고 생각합니다."

혜린이의 발표가 끝나자 교실은 조용해졌다.

"자, 지금까지 동반 성장 팀에서는 재벌이 막대한 재벌을 이용해 골목 상권을 위협하는 일은 없어야 한다고 주장했고, 재벌 성장 팀에서는 골목 상권이 재벌과 맞설 수 있을 정도로 경쟁력을 높여야 한다는 주장을 했습니다."

선생님의 말씀에 아이들이 고개를 끄덕였다.

## 재벌의 책임과 의무

"자, 그럼 다음 주제로 한번 넘어가 보겠습니다. 이번 주제는 혜린이가 제안했어요."

아이들이 일제히 혜린이를 쳐다보았다. 혜린이는 쑥스러운 듯 고개를 숙였다.

"혜린이가 이야기해 보고 싶다고 한 주제는 바로 재벌의 도덕적인 책임과 의무에 관한 것입니다. 모두들 TV에서 기업 광고를 본 적 있지요?"

아이들은 일제히 '네!' 하고 외쳤다.

"그런 광고를 보면 재벌 기업들이 좋은 일을 참 많이 하고 있습니다. 그런데 한편, 뉴스에서는 재벌 가문에서 벌어지는 각종 사건 사고들이 종종 다루어지지요. 이쯤에서 세 번째 논쟁거리인 '재벌은 도덕적 책임과 의무를 다하고 있을까?'에 대한 이야기를 나눠 보도록 하지요. 이런 현상에 대해 양쪽에서는 어떤 생각을 가지고 있는지, 그리고 우리는 어떤 입장에서 이런 이야기들을 받아들여야 할지 생각해 보도록 합시다. 먼저 혜린이가 주제 발표를 해 볼까?"

혜린이는 심호흡을 한 번 하고, 자료를 내려다보았다.

"얼마 전에 한 재벌 가문의 대표가 자녀를 사립 초등학교에 부정 입학 시켰다는 뉴스를 보았습니다. 그 뉴스를 보고 많은 사람들이 혀를 차며 욕을 했습니다. 이번 토론을 준비하다가 그 뉴스를 본 터라 저는 많은 생각이 들었습니다."

혜린이는 긴장을 늦추지 않은 채 말을 이어 갔다.

"사실 재벌은 장학 재단이나 복지 단체를 만들어 사회에 도움이 되는 일들을 많이 하고 있습니다. 그렇지만 그런 내용은 언론에 잘 나오지 않습니다. 그리고 간혹 나온다고 해도 사람들은 '돈이 많으니까 당연히 저런 일을 해야지.'라고 생각합니다. 그렇지만 조금이라도 잘못을 하면 그땐 너무나 무섭게 몰아칩니다. 돈으로 모든 걸 다 해결하려 한다고 말이죠. 저는 이런 기준이 과연 맞는 것인지 정말 궁금합니다."

혜린이가 덤덤하게 발표를 마쳤다.

"이번에는 이쪽 팀이 주제 발표를 해야지."

선생님이 영지와 민준이, 우진이를 번갈아 쳐다보았다. 우진이가 쭈뼛쭈뼛 손을 들었다.

"솔직히 저는 이 주제 발표를 왜 해야 하는 것인지 잘 모르겠습니다."

아이들 사이에서 술렁이는 소리가 들려왔다.

"사람은 누구라도 잘못을 저지르면 손가락질을 받습니다. 재벌이라고 다른가요? 게다가 재벌들이 잘못을 저지르면 그건 대부분 돈과 관련이 있습니다. 사립 초등학교에 부정 입학을 시켰다고 했는데, 그것도 결국 돈으로 생겨난 권력을 휘두른 것이잖아요. 잘못한 걸 잘못했다고 말하는 이런 당연한 일들을 가지고 토론을 해야 한다는 게 솔직히 이해가 가지 않습니다."

우진이는 입을 삐죽 내밀며 짧게 발표를 마쳤다. 아이들이 그런 우진이를 쳐다보며 고개를 끄덕였다.

"두 팀의 주제 발표가 모두 끝났고요, 순서에 따라 반대 의견을 말하거나 질문을 하도록 해 봅시다."

선생님이 토론팀 아이들의 얼굴을 쳐다보았다. 혜린이가 손을 들었다.

"제가 아까 이야기한 것처럼 재벌은 돈을 버는 것 외에 형편이 어려운 학생들에게 장학금을 주는 장학 재단이나, 몸이 불편한 사람들을 돕는 등 사회사업도 많이 하고 있어요. 이 부분에 대해서는 어떻게 생각하나요?"

우진이는 여전히 고개를 갸우뚱하며 말했다.

"그렇지만 재벌이 노량진 젓갈 할머니처럼 하는 건 아니잖아요."

혜린이도, 아이들도 모두 무슨 말인지 모르겠다는 듯 고개를 갸웃거렸다.

"노량진에서 젓갈을 파는 할머니, 그리고 김밥을 파는 할머니께서 평생 동안 모은 돈을 사회에 기부했다는 뉴스 기사는 모두 한 번쯤은 봤을 거예요. 이 분들은 힘들게 일을 해서 어렵게 모은 돈을 어려운 사람들에게 나누어 주었습니다. 그렇지만 재벌들은 벌어들인 돈의 일부만 어려운 사람들에게 나누어 주는 것 아닌가요?"

아이들이 고개를 끄덕이는 동안 민준이가 손을 들었다.

"그리고 다른 문제도 있습니다. 바로 세금 문제이지요."

"으응? 그건 또 뭐야?"

아이들이 눈을 동그랗게 뜨고 민준이를 쳐다보았다.

"저도 이번에 조사하면서 처음 알았는데요. 장학 재단이나 공익 재단에서 모은 돈에 대해서는 세금을 내지 않는다고 합니다. 그래서 재벌들은 이런 재단을 만들어서, 가지고 있던 돈을 그 재단에 넣어 두고 세금을 내지 않는다고 해요. 과연 재벌이 세운 장학 재단과 공익 재단이 제 역할을 다한다고 볼 수 있을까요?"

민준이의 말이 끝나기 무섭게 혜린이가 급히 손을 들었다.

"그렇지만 재벌의 재단을 통해 수술을 받는다든가, 장학금을 받아 학교를 다닌 사람들도 많습니다. 이들에게는 정말 필요한 도움이었고, 너무나 고마운 일이었을 거예요. 물론 세금을 내지 않는 건 법을 어기는 행위지만요. 그렇지만 잘하고 있는 일에 대해서는 인정을 해 주어야 한다고 생각합니다."

마음이 급했는지 혜린이의 말투가 속사포처럼 빨라졌다. 그런 혜린이를 물끄러미 쳐다보던 민준이가 손을 들었다.

"좋은 일을 한다고 해서 잘못이 없어지는 것은 아니잖아요."

혜린이는 아무 말도 하지 못하고 민준이를 노려보았다. 둘 사이에 팽팽한 긴장감이 돌았다. 이윽고 교실은 조용해졌다.

## 재벌은 분배적 정의를 실현하고 있을까?

"아, 토론이 과열되고 있네요. 그럼 이 정도에서 화제를 살짝 돌려 보도록 하겠습니다."

선생님이 고개를 절레절레 저으며 말했다.

"오늘 우리 토론팀 친구들, 재벌의 분배적 정의에 대해 조사해 왔지요?"

아이들은 고개를 끄덕였다.

"분배적 정의란 사회에서 벌어들인 돈을 다시 사회 전체로 나누어서 모두 함께 혜택을 누리는 것을 의미합니다. 지금 우리나라의 대표적인 기업들인 재벌은 우리 사회 속에서 돈을 벌어들인 사람들이니까 '우리 사회의 재벌은 분배적 정의를 실현하고 있을까?'라는 논쟁도 의미가 있어서 주제로 정해 보았습니다. 아마 이 이야기가 오늘의 마지막 논쟁거리가 될 것 같은데요, 어느 팀이 먼저 발표를 해 볼까?"

서현이가 손을 들었다.

"저는 사실 이 주제를 처음 들었을 때, 조금 의아한 점이 있었습니다. 이 세상에 자기 혼자서만 돈을 버는 사람은 없습니다. 물건을 팔거나, 자기가 맡은 만큼 일을 하면 누군가가 그 보상으로 돈을 주는 것이니까요. 곧, 일을 하고 돈을 번다는 것은 큰돈이든 적은 돈이든 사람들 사이에서 서로 오가는 일이라는 뜻입니다. 그런데 이렇게 해서 돈을 번 사람들이 모두 자신의 돈을 사회와 나누는 것은 아닙니다. 미래를 위해 모으기도 하고, 개인적으로 사용하기도 합니다. 이건 너무나 당연한 것 아닌가요?"

서현이의 질문에 아이들은 별 대답이 없었다.

"그런데 우리는 재벌이 돈을 많이 번다는 이유로 사회에 내놓으라고 합니다. 재벌들도 열심히 일을 해서 번 돈인데 그걸 함께 나누어야 정의로운 일이라고 말합니다. 저는 이 부분이 아무리 생각해도 이해가 되지 않습니다."

서현이가 고개를 갸웃거리며 발표를 마쳤다. 그러자 민준이가 손을 들었다.

"이건 어떤 책에 있는 내용인데요, 옛날에 한 가난한 집에 부모님과 아들 셋이 있었습니다. 부모님은 장남이 성공하면 동생들을 도와줄 거라 생각해서 논 팔고, 소 팔아서 최대한 지원을 했습니다. 결국 장남은 사회

적으로 성공한 인물이 되었지만, 동생들을 도와주지 않고 모른 척했습니다. 여기에서 장남은 바로 나라의 지원으로 큰돈을 거머쥐게 된 재벌들을, 그리고 가난한 동생들은 나라가 재벌을 지원하는 동안 어렵게 살았던 국민들을 뜻합니다."

아이들이 고개를 끄덕였다.

"이처럼 재벌은 나라의 지원을 받고, 자신들이 만든 제품을 우리나라 사람들에게 팔아 성장했으면서 그로 인해 벌어들인 돈은 자기들만 독차지하고 있어요. 물론 그들도 힘들게 번 돈이고, 그 돈을 모두 사회에 내놓으라는 것은 아닙니다. 그렇지만 나라와 국민들에게 고마운 마음이 조금이라도 있다면 적절하게 분배를 하고 모두 함께 성장할 수 있도록 하는 것이 재벌의 역할이라고 생각합니다."

민준이의 말이 끝나기 무섭게 준서가 손을 들었다.

"재벌이 정부의 지원을 받고 성장한 건 사실이지만, 그만큼 경제 성장에 큰 역할을 했고, 그때와는 비교할 수 없을 만큼 잘사는 지금의 나라를 만든 것도 사실 아닌가요? 그리고 앞선 주제에서 말했던 것처럼 어려운 사람들을 위해 여러 가지 사업을 하고 있잖아요."

준서가 말을 마치자 또다시 민준이가 손을 들었다.

"나라의 지원을 받고 성장해 나가는 기간 동안 어느 정도 낙수 효과가 있었다는 것은 앞에서도 이야기했습니다. 그렇지만 그 효과가 길게 가지 못했고, 지금은 아예 그 효과를 느낄 수조차 없습니다. 그리고 어려운 사람들을 돕는다고 이야기했는데요, 분배적 정의는 어려운 사람을 돕는 것만을 의미하는 것이 아닙니다."

민준이는 잠시 심호흡을 하고 나서 말을 계속했다.

"지금 재벌들은 가족들끼리 크고 작은 회사 여러 개를 나누어 맡고 있습니다. 이를테면 '민준그룹'이라는 재벌이 '민준전자', '민준호텔', '민준기계', '민준병원'을 갖고 있다고 칩시다. 민준그룹에서는 연말이면 송년회를 하는데, 그걸 민준호텔에서 합니다. 그리고 민준전자의 공장에서 기계가 필요하면 그 기계는 민준기계에서 사 가지고 옵니다. 그리고 민준그룹에서 일하는 사람들은 모두 민준병원에서 건강 검진을 받도록 하고, 다치거나 아프면 민준병원에서 치료를 받도록 합니다."

계속되는 '민준'이라는 말에 아이들 사이에서 '풉!' 하고 웃음이 터져 나왔다.

"만일 이 회사들이 각각 독립된 회사라면 최소한 네 개의 회사가 돈을 벌 수 있게 됩니다. 그렇지만 모두가 같은 재벌 가문이 운영하는 회사이기 때문에 벌어들인 돈은 그 재벌 가문 안에서만 맴돌고 있지요."

아이들이 고개를 끄덕였다.

"만약 재벌이 분배적 정의에 대해 조금이라도 고민을 하고 있다면 이런 재벌 가문의 연결 고리를 끊어야 합니다. 그래야 더 많은 사람들이 돈을 벌 수 있게 되고, 나라의 경제가 성장할 수 있게 되는 것입니다."

민준이가 발표를 마치자 몇 명의 아이들이 박수까지 쳤다. 혜린이와 준서가 씁쓸한 표정으로 아이들을 쳐다보았다.

"흠, 민준이는 분배적 정의를 실천할 수 있는 구체적인 대안까지 준비

했군요. 반대 의견 없나요?"

선생님이 혜린이와 서현이, 준서를 쳐다보았다. 준서가 입을 불쑥 내밀고 투덜대며 말했다.

"이건 정말이지…… 공산주의 같잖아요."

아이들이 '으잉?' 하며 준서를 쳐다보았다.

"자본주의가 뭐예요? 스스로 노력하는 만큼 돈을 벌 수 있고, 그렇기 때문에 부자도 있고 가난한 사람도 있는 것 아니에요? 그런데 왜 부자만 돈을 벌었다고 욕을 먹어요? 그럴 거라면 똑같이 일해서 똑같이 나눠 쓰는 공산주의가 맞는 것 아니에요? 그런데 공산주의는 모두 다 가난해져서 망했잖아요. 노력해서 돈을 번 사람이 그 돈을 자기 뜻대로 쓴다는데, 그걸 꼭 나눠 줘야 하는 것으로 생각하다니, 솔직히 저는 이해할 수 없어요."

준서의 말에 아이들이 술렁거렸다. 거칠게 내뱉은 말인데도 아이들의 귀에는 쏙쏙 들어오는 모양이었다.

"저는 이 문제가 돈을 나눈다고 생각하니까 더 심각해지는 것 같습니다."

영지가 숨을 한 번 고르더니 말을 시작했다.

"지난번에 서현이가 이야기했던 솔로몬 제도 아누타섬 이야기인데요. 이 섬에서는 하루에 한 번 모든 사람들이 배를 타고 물고기를 잡으러 갑니다. 그렇게 해서 잡은 물고기는 섬의 모든 사람들이 함께 나누어 가집니다. 가족이 많거나, 아픈 사람이 있으면 조금 더 나누어 주고, 가족이 적으면 조금 더 적게 나누어 줍니다. 그리고 여자들이 일을 하는 동안에는 섬의 아이들을 모두 함께 돌봐 줍니다. 모든 일을 함께 나누는 것이지요. 우리가 지금 이야기하고 있는 '돈'을 '물고기'로 바꾸면 그게 분배적 정의 아닐까요? 복잡하게 생각할 것 없이 따뜻한 양심만 있다면 언제든 실천할 수 있는 일인 것 같습니다."

영지의 말에 혜린이가 손을 들었다.

"만약 돈이 없다면 그런 식의 분배적 정의가 가능할지도 모릅니다. 그렇지만 우리는 물고기가 아니라 돈을 분배하는 것입니다. 게다가 작은 섬

마을도 아니고, 엄청난 규모의 재벌과 나라, 국민이 그 대상이 되는데 어떻게 비교할 수 있겠어요?"

혜린이의 발언에 아이들이 웅성거렸다.

"재벌들은 많은 노력을 해서 돈을 벌었고, 여러 방법으로 사회에 기여하고 있습니다. 그렇다면 번 돈을 분배하는 것에 대해서는 재벌들의 뜻에 맡겨 두는 것도 좋다고 생각합니다. 빵집 사업을 포기했던 것처럼, 재벌들도 국민들의 뜻에 따르려고 노력하고 있어요. 그 어떤 감시자보다 국민들이 더 강하다는 것이지요. 그러니 분명 보다 더 국민들의 뜻에 맞게, 보다 더 옳은 방향으로 일을 하려고 할 겁니다. 무엇보다 중요한 건 재벌들이 하는 일이라고 해서 무조건 의심하고 나쁜 쪽으로 생각하지 말고, 믿어 주는 것이라고 생각합니다."

혜린이가 차분하게 말을 마쳤다. 그러자 민준이가 손을 들었다.

"그렇게 믿어 주기에는 지금까지 재벌들이 너무나 탐욕스러운 모습만 보여 주었습니다. 경제를 성장시켰다고 하지만, 그건 몇십 년이 지난 옛날이야기입니다. 게다가 문어발식 사업 확장은 1997년, 우리나라 최악의 경제 위기를 몰고 왔습니다. 결과적으로 재벌 말고는 모두가 살기 어려워진 것입니다. 만약에 재벌들이 조금이라도 양심이 있다면, 자신들이 처음 시작할 때의 모습을 되돌아봐야 합니다. 우리나라가 지금보다 더 잘살 수 있게 될 지 고민하고 나눌 수 있어야 한다고 생각합니다."

민준이가 차분하게 발언을 마무리했다. 교실 분위기도 혜린이와 민준이의 목소리만큼 차분해졌다.

"자, 이렇게 마무리까지 다 된 건가? 더 할 이야기 있는 친구?"

선생님이 토론팀을 둘러보았다. 아무도 손을 들지 않았다.

"아마 우리와는 조금 떨어진 재벌에 관한 주제이다 보니 준비하는 친구들도 조금씩은 어려운 점이 있었을 거예요. 오늘 재벌 성장 팀은 그동안 재벌의 성장으로 나라의 경제와 위상이 성장한 점, 그리고 사회 복지 사업을 통해 나름의 역할을 하고 있다는 점을 주장했고, 동반 성장 팀은 재벌 성장의 뒷면에 가려진 국민들의 입장에서 그들의 어려움을 대변해 주었습니다. 모두 아주 잘해 주었어요. 박수!"

아이들이 박수를 쳤다.

"자, 그럼 다음 주에는 우리 생활과 조금 더 가까운 주제 몇 가지를 정해서 토론을 해 보도록 합시다. 오늘 토론 끝!"

선생님의 말씀과 함께 아이들이 자리에서 일어났다. 이상하게도 오늘 토론은 혜린이에게는 뭔가 개운하지 못했다. 그래서인지 자꾸만 기운이 빠지는 것 같았다. 혜린이가 계속해서 한숨을 쉬자 영지가 혜린이를 보며 말했다.

"혜린이 너 오늘 토론 잘하던데, 왜 그래?"

영지의 말에 혜린이는 활짝 웃으며 물었다.

"정말? 그런데 우리 다음 주에 같은 팀 하면 안 돼?"

"왜?"

"너 엄청 꼼꼼하게 준비하는 것 같아. 같은 팀 하면 우리가 이길 것 같은데……."

그때였다.

"오혜린! 토론은 이기고 지는 결과가 중요한 게 아니야. 서로의 생각을 잘 이해하고 자신의 생각을 잘 펼치는 과정이 중요한 거지."

아이들과 함께 책상을 정리하던 선생님이 말했다. 혜린이는 영지의 얼굴을 쳐다보며 멋쩍은 듯 웃었다.

# 함께 정리해 보기
## 우리 사회와 재벌

| 재벌 성장 | 논쟁이 되는 문제 | 동반 성장 |
|---|---|---|
| 우리나라의 경제 성장에 재벌은 큰 역할을 했으며, 그 노력을 인정받아야 한다. | 재벌은 사회 발전에 독일까, 약일까? | 재벌 기업이 문어발식으로 사업을 확장한 것 때문에 심각한 경제 위기가 닥친 것이다. |
| 골목 상권도 재벌 기업에 맞설 만큼 경쟁력을 키워야 한다. | 재벌의 골목 상권 진출은 정당할까? | 재벌 기업이 자본을 이용해 골목 상권을 위협하는 것은 옳지 않다. |
| 재벌은 공익 재단과 장학 재단을 만들어 사회적으로 좋은 일을 많이 하고 있다. | 재벌은 도덕적 책임과 의무를 다하고 있을까? | 재벌은 돈과 권력을 이용한 각종 비리와 사건 사고로 국민들에게 실망을 주고 있다. |
| 개인의 재산을 어떻게 사용하는가는 개인의 자유이며, 재벌은 이미 다양한 방법으로 사회에 기여하고 있다. | 우리 사회의 재벌은 분배적 정의를 실현하고 있을까? | 재벌의 규모에 비하면 올바른 분배적 정의를 실현하고 있다고 볼 수 없다. |

4장

# 우리 생활과 자본주의

우리는 자본주의 사회를 살아가고 있습니다. 그렇기 때문에 우리가 하는 모든 일은 돈과 직접, 간접적으로 연관이 되어 있습니다. 그렇지만 우리가 직접 '아, 나는 자본주의 사회를 살고 있구나.'라고 느낄 만한 계기는 그리 많지 않습니다. 왜냐하면 우리는 태어날 때부터 지금까지 자본주의에 아주 익숙해져 있기 때문입니다. 그런데 사실 우리 주변에는 자본주의의 얼굴을 그대로 드러내고 있는 것들이 아주 많습니다. 그게 뭔지 궁금하다고요? 그럼 지금부터 우리가 평소에 생각하지 못했던, 그러나 우리와 아주 가까운 곳에 있었던 자본주의에 대해 함께 이야기해 보도록 합시다.

## 자본의 발전 팀

대기업에서 언론사를 운영하는 건 자본의 논리에서 보면 당연한 거야. 시청자들은 방송 프로그램을 보고 해당 방송사의 색깔이 마음에 들지 않으면 그 방송을 보지 않으면 돼. 시청자들에겐 스스로 생각하고 판단할 권리가 있으니까. 또 광고를 보고 소비를 결정하는 것도 소비자의 판단에 따른 것이야. 광고가 상품에 대한 정보를 전달해서 소비자들에게 도움을 주는 측면도 무시할 순 없어. 그리고 사람들의 삶을 편안하게 만들려면 환경이 어느 정도 파괴되는 것은 감수해야 해.

## 자본의 욕심 팀

준서　민준　혜린

언론은 자본의 논리에 오염되어선 안 돼. 언론은 공정한 사실만을 보도할 책임이 있기 때문이야. 대기업이 세운 방송사나, 언론사가 세운 종합 편성 채널은 시청자들에게 편향된 정치관을 심어 주거나 불필요한 소비를 부추길 우려가 있어. 또 같은 제품이라도 광고를 하는 제품은 광고비가 가격에 포함되어 있어서 소비자들의 과소비를 부추기지. 돈보다 사람이 우선이듯이, 사회를 발전시키는 것보다 환경이 우선이어야 해. 자본의 욕심에 의해 파괴되는 자연 환경 때문에 인류의 삶이 위협받는다는 사실을 잊어선 안 돼.

# 우리 생활과 자본주의

## 방송사와 통조림 회사가 같은 회사라고?

"혜린아, 어서 와!"

서현이네 집 초인종을 누르자 서현이의 엄마가 문을 열어 주었다. 혜린이는 꾸벅 인사를 하고 엄마가 챙겨 준 고구마 한 봉지를 서현이 엄마에게 건넸다.

"세상에…… 맛있게도 생겼다. 엄마께 꼭 고맙다고 전해 드려."

"네. 그런데 서현이는 뭐 해요?"

"아, 텔레비전 보는 것 같던데, 잠깐만……."

서현이 엄마가 방문을 열면서 혜린이에게 들어오라는 손짓을 했다.

"어, 왔어?"

서현이가 혜린이를 쳐다보며 활짝 웃었다.

"뭐 보는 거야?"

"아, 이거 아이돌 그룹 나오는 리얼리티 프로그램인데, 엄청 재미있어."

혜린이는 서현이 곁에 다가가 앉았다. 텔레비전에서는 요즘 인기 최고인 아이돌 그룹 멤버들의 일상생활을 보여 주는 프로그램이 방영 중이었다. 그때 갑자기 서현이가 고개를 갸웃거리며 말했다.

"어? 저 통조림 아까도 나왔던 것 같은데, 왜 계속 나오지?"

화면에서는 아이돌 그룹 멤버들이 참치 통조림 하나를 앞에 두고 밥을 먹고 있었다. 화려한 스타지만 의외로 소박한 모습을 보여 주려는 것 같

았다.

"저게 다 광고지 뭐. 간접 광고……."

서현이 엄마가 간식을 담은 쟁반을 가지고 들어오며 말했다.

"간접 광고요? 그런 건 드라마 같은 데서나 하는 거 아니에요?"

"원래는 드라마에서 많이 했는데, 요즘은 저런 예능 프로그램에서도 많이 하더라. 아마 저 방송이 케이블 방송이어서 그럴 거야. 지상파 방송보다 광고에 자유로우니까."

"아, 그렇구나. 그런데 왜 하필 저 통조림이지?"

"그거야 저 방송사랑 같은 회사에서 만드는 제품이니까 그렇지."

"같은 회사요?"

"응. 저 방송사를 가지고 있는 회사랑 통조림을 만드는 회사가 같은 대기업의 계열사야. 그러니까 자기네 제품 광고를 자기네 방송사에서 하는 거지."

"우와, 그럴 수도 있구나."

서현이가 고개를 끄덕이며 말했다.

"정말 대단한 장삿속 아니니? 좋아하는 아이돌 멤버가 통조림을 맛있게 먹는 모습을 보면 팬들은 당연히 '아, 나도 먹어 보고 싶다.'라는 생각이 들 테고, 그러면 자연스럽게 많이 팔릴 테고……, 자기네 방송사가 있으니까 어떤 프로그램에서든 저렇게 광고를 할 수 있는 거야."

서현이 엄마의 말에 서현이와 혜린이는 계속해서 고개를 끄덕였다. 그런데 그때였다.

"혜린아, 이거 이번 토론 주제랑 관계있지 않니?"

서현이가 뭔가 생각났다는 듯 혜린이를 쳐다보았다.

"아, 맞다. 언론과 광고에 대한 것……."

"그런데 왠지 너한테만 좋은 내용인 것 같아."

서현이가 입을 삐죽 내밀었다.

"헤헤, 그렇네. 그러니까 나하고 같은 팀 했으면 좋았잖아. 큭큭!"

혜린이의 웃음은 멈추지 않았고, 서현이의 나온 입은 들어갈 줄을 몰랐다.

## 언론은 누구의 것일까?

"자, 모두 기다리던 토론 시간이 왔습니다."

아이들이 선생님의 진지한 말투에 웃음을 터뜨렸다. 그 와중에 서현이는 혜린이를 향해 주먹을 불끈 쥐어 보였다. 혜린이는 보일 듯 말듯 고개를 끄덕였다.

"우리 친구들은 하루하루 생활을 하면서 나의 생활과 자본주의가 어떤 관련이 있는지 생각해 본 적 있나요?"

선생님의 질문에 아이들은 고개를 절레절레 저었다.

"일상 속에서 자본주의를 피부로 느끼기는 쉽지 않을 거예요. 그렇지만 우리의 생활을 잘 들여다보면 참 많은 일이 돈, 그리고 자본주의와 연관돼 있다는 것을 알게 될 겁니다."

선생님이 대형 화면을 켰다. 화면에는 '언론과 광고, 환경, 돈과 생활'이라는 단어가 떠올랐다.

"아무래도 생활과 관련이 있는 일을 주제로 토론을 하려다 보니까 어수선해질 것 같아서 주제를 미리 좀 나누어 보았어요. 자, 우리 생활 속에서 드러나는 자본주의의 문제점을 이야기해 줄 '자본의 욕심' 팀은 윤민준, 오혜린, 박준서, 그리고 우리의 생활과 자본주의의 발전에 대해 이야기를 해 줄 '자본의 발전' 팀은 이서현, 서영지, 김우진입니다. 오늘의 첫 번째 논쟁거리는 '언론은 자본의 입장을 대변하는 것일까?'인데요, 늘 그랬듯이 주제 발표부터 해 보겠습니다. 이번엔 누가 준비했지?"

민준이와 우진이가 손을 들었다.

"그럼 민준이부터 주제 발표를 해 보겠습니다. 다들 조용히 잘 들어 주세요."

교실이 조용해지자, 민준이가 심각한 표정으로 이야기를 시작했다.

"언론은 신문이나 잡지, 방송을 통해 뉴스나 사실을 많은 사람들에게 전달합니다. 그런데 단순히 전달만 하는 것이 아니라 자신들의 입장이나 의견을 펼치기도 하고, 사람들의 의견을 모으는 역할도 합니다. 그렇기 때문에 언론은 무엇보다 공정해야 합니다."

아이들을 한번 둘러본 뒤, 민준이는 계속 말을 이어 갔다.

"우리나라에는 지상파와 케이블, 종합 편성 채널<sub>뉴스를 비롯해 드라마와 교양, 스포츠 등 모든 장르를 편성하여 방송할 수 있는 채널</sub> 등 수많은 방송사들이 있습니다. 이렇게 방송사들이 많아지면서 방송 채널 간의 경쟁은 엄청나게 치열해졌습니다. 그 결과 방송사들은 많은 돈을 투자하여 더 화려한 방송, 더 자극적인 방송을 만들고 있습니다. 그러면서 언론이 마땅히 갖추어야 할 공정성은 사라지고 말았습니다. 올바른 언론이라면 돈보다는 신념에 따라 정확하고 공정한 내용을 방송해야 한다고 생각합니다."

민준이가 굳은 말투로 발표를 마쳤다. 선생님이 우진이에게 손짓을 해 보였다.

"저희 집은 아침에 일어나면 가장 먼저 텔레비전을 켭니다. 그리고 저녁 식사를 마치고 나면 또 텔레비전을 보다가 잠이 듭니다."

우진이의 말에 많은 아이들이 고개를 끄덕였다.

"그런데요, 우리는 왜 이렇게 텔레비전을 좋아하고 또 자주 보는 걸까요?"

우진이의 질문에 멀뚱멀뚱 앉아 있던 아이들 중 한 명이 큰 소리로 외쳤다.

"재미있으니까!"

아이들이 와하하 웃음을 터뜨렸다.

"그렇습니다. 우리가 텔레비전을 보는 이유는 바로 재미 때문입니다. 수많은 방송사들은 더 재미있고 질 높은 프로그램을 만들기 위해 많은 투자를 하고, 더 많은 노력을 하고 있습니다. 우리는 그 채널들 중에서 보고 싶은 걸 골라서 보면 됩니다. 만약 그 방송이 좋았다면 계속 보게 될 테고, 나빴다면 다시는 보지 않을 것입니다.

우진이는 민준이를 한 번 슬쩍 쳐다보고는 발표를 계속했다.

"얼마 전에 어떤 방송 프로듀서가 '칼자루는 시청자가 쥐고 있다.'는 내용의 칼럼을 쓴 걸 본 적이 있습니다. 아무리 돈을 많이 들여서 만든 프로그램이라 해도, 시청자들이 보지 않으면 사라지게 될 것입니다. 그렇기 때문에 언론이 돈에 휘둘려 공정성 없는 방송 프로그램을 만든다는 이야기에는 동의할 수 없습니다."

우진이는 가지고 온 자료도 덮어놓은 채 민준이를 쳐다보며 자신의 생각을 말했다.

"흠, 두 팀의 주제 발표 잘 들었고요, 이번에는 반대 의견이나 질문을 할 수 있는 시간을 갖겠습니다."

선생님의 말씀이 끝나기 무섭게 민준이가 손을 들었다.

"저, 질문이 있는데요. 그럼 정치적인 성향이 지나치게 한쪽으로 치우친 언론사나 대기업이 만든 방송사도 아무 문제가 없다고 생각하나요?"

민준이는 우진이를 뚫어져라 쳐다보며 차분하게 물었다.

"그게 왜 문제가 되나요?"

우진이는 어깨를 들썩거리며 이해가 안 된다는 표정을 지었.

"정치적인 입장이 안 맞으면 안 보면 되는 거고, 대기업이 만든 언론사라고 해서 그 기업에 대한 내용만 나오는 것도 아니잖아요."

우진이는 심드렁한 표정으로 말했다. 그때 혜린이가 손을 들었다.

"그렇지만 대기업이나 언론사가 만든 방송사에서 뉴스만 하는 건 아니잖아요? 드라마, 예능, 교양 프로그램 등 다양한 프로그램을 모두 만드니

까요. 정치적인 색이 강한 방송사들은 대부분 종합 편성 채널입니다. 전혀 정치적인 색이 없어 보이는 프로그램이라고 해도, 방송사 마음대로 정치적인 내용을 넣을 수 있어요. 그런 프로그램을 보다 보면 우리도 모르는 사이에 해당 방송사가 주장하는 내용을 받아들이게 될지도 몰라요."

혜린이의 단호한 말에 우진이는 약간 움찔한 듯 보였다. 그 틈을 타 혜린이는 더욱 강한 말투로 계속해서 말했다.

"그리고 대기업 계열의 언론사들도 마찬가지입니다. 며칠 전, 저는 서현이와 함께 대기업 계열 언론사에서 방송하는 한 예능 프로그램을 보았습니다. 거기에 나오는 아이돌 스타들은 그 대기업에서 만든 옷을 입고, 그 대기업에서 만든 캠핑용품을 사용하고, 그 대기업에서 만든 통조림을 먹었습니다. 그 아이돌 스타를 좋아하는 사람들은 물론이고, 좋아하지 않는 사람들이라 하더라도 그 방송을 보면서 '저 옷 참 예쁘다, 저 제품은 좋아 보인다, 저 음식 맛있겠다.'라고 생각하게 될 것입니다. 이처럼 우리는 우리도 모르는 사이에 대기업의 욕심에 넘어가고 있는 것입니다."

아이들이 고개를 끄덕였다.

"그게 뭐가 문제라고…… 안 보면 되고, 안 사면 되잖아요."

우진이가 답답한 듯 외쳤다.

"에이, 그게 뭐야?"

아이들이 우진이를 쳐다보며 웅성거렸다. 우진이는 고개를 떨구며 가지고 있는 자료들을 열심히 뒤졌다.

"흠, 이쪽 팀에서는 반대 의견이나 질문 없습니까?"

선생님이 우진이와 영지, 서현이를 쳐다보았다. 한참 동안 곰곰이 생각을 하던 영지가 조심스럽게 손을 들었다.

"사실 저희 부모님은 한동안 텔레비전 채널에서 종합 편성 채널의 번호를 지워 버리셨습니다. 제가 알기로는 저희 집 말고도 종합 편성 채널 번호를 지운 사람들이 꽤 많은 것으로 알고 있습니다. 그리고 실제로 종합 편성 채널이 처음 생겼을 때는 평균 시청률이 1퍼센트를 넘는 방송사가 하나도 없었습니다. 아까 우진이가 말한 대로 유익하지 않으면 안 보면 되는 거니까……. 시청률이 바로 그걸 증명한 것 아닌가요? 시청자들은 언론을 보고 판단을 잘할 수 있는데, 시청자를 너무 믿지 못하는 것 같습니다."

영지의 말에 민준이가 당혹스러운 표정을 지었다. 그때, 준서가 손을 들고 말했다.

"종합 편성 채널은 미디어법이 개정되면서 생겨났습니다. 그런데 이 미디어법 자체가 불법이라고 해요. 어른들이 그러는데 국가가 힘 있는 언론사들 편을 들어주기 위해 국회에서 날치기 통과<sub>적합한 절차를 거치지 않고 통과시키는 것</sub>시킨 거라고 하더라고요. 그렇기 때문에 많은 사람들에게 외면을 받았습니다. 그렇지만 지금은 처음과 달리 많은 사람들이 종합 편성 채널을 보고 있습니다. 그 이유는……."

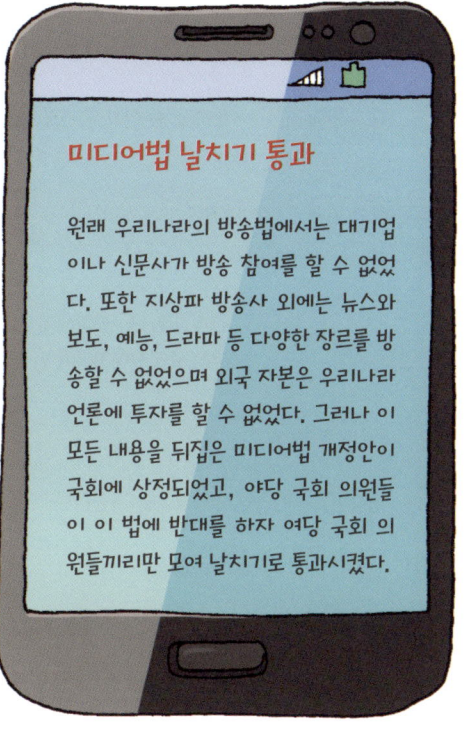

**미디어법 날치기 통과**

원래 우리나라의 방송법에서는 대기업이나 신문사가 방송 참여를 할 수 없었다. 또한 지상파 방송사 외에는 뉴스와 보도, 예능, 드라마 등 다양한 장르를 방송할 수 없었으며 외국 자본은 우리나라 언론에 투자를 할 수 없었다. 그러나 이 모든 내용을 뒤집은 미디어법 개정안이 국회에 상정되었고, 야당 국회 의원들이 이 법에 반대를 하자 여당 국회 의원들끼리만 모여 날치기로 통과시켰다.

준서는 주섬주섬 가지고 있던 자료들 틈에서 표 하나를 들어 보였다.

"종합 편성 채널은 다른 방송사들과 비교할 수 없을 정도로 많은 특권을 가져갔습니다. 그래서 많은 돈을 벌 수 있었고, 그 돈을 투자해서 더 재미있는 방송을 만들었습니다. 그래서 처음과는 이미지가 많이 달라졌어

|  | 지상파 방송사 | 종합 편성 채널 |
| --- | --- | --- |
| 광고 판매 | 한국 방송 광고 공사를 통해 판매 | 출범 후 2년 동안 직접 판매 |
| 광고 방영 | 1회에 30초 방영 | 1회에 40초 방영, 프로그램 중간 광고 허용 |
| 국내 제작 의무 | 전체 방송 중 80퍼센트 이상이 국내 제작 프로그램이어야 함. | 전체 방송 중 40퍼센트 이상이 국내 제작 프로그램이어야 함. |

요. 문제는 종합 편성 채널의 이미지가 달라졌다고 해서 불법으로 개국한 것, 온갖 특권을 누렸다는 것, 한쪽으로 치우친 정치적인 성향을 가지고 있다는 것은 달라지지 않는다는 것입니다. 그런 걸 생각하면 저는 솔직히…… 기분이 좀 나쁩니다. 뭔가에 조종당하고 있다는 생각도 들고요."

준서가 조용히 말을 마쳤다. 아이들은 고개를 끄덕이기도 하고, 미간을 찌푸리기도 하면서 준서의 발언에 집중하는 모습을 보였다.

## 광고, 네 정체가 뭐니?

준서의 이야기가 끝나자 선생님이 말했다.
"모두들 조사도 잘해 오고, 침착하게 이야기도 잘해 주었습니다. 이번 주제가 언론과 광고인데, 지금 언론에 대한 이야기가 많이 나왔지만, 광

고에 대해서는 별다른 이야기가 나오지 않은 것 같아요. 그래서 두 번째 논쟁거리인 '광고는 소비를 부추기는 것일까?'로 넘어가 보도록 하겠습니다. 먼저 발표할 사람?"

서현이가 손을 번쩍 들었다.

"저는 발표가 아니라 질문인데요, 아까부터 친구들이 발표하는 걸 들으면서 조금 궁금했던 점이 있었어요. 솔직히 광고 많이 보나요? 저는 텔레비전 보다가 광고가 나오면 다른 채널로 돌려 버려서……."

아이들이 와하하 하고 웃음을 터뜨렸다. 그때 민준이가 웃음기 없는 얼굴로 손을 들었다.

"텔레비전에서만 안 보면 뭘 하나요? 길거리를 걷다 보면 현수막도 있고, 포스터도 있고, 지나가는 버스에 붙어 있는 광고도 있는데요. 컴퓨터나 스마트폰을 할 때도 수없이 많은 광고가 나옵니다. 상황이 이런데 광고를 많이 보냐는 질문은 의미가 없다고 생각합니다."

"그러면 광고가 많은 게 왜 문제죠?"

민준이의 말이 끝나기 무섭게 서현이가 물었다.

"광고는 자기네 제품을 사라고 유혹하는 거잖아요. 그런 광고를 계속 보면 그 물건이 갖고 싶어지고, 그러다 보면 자꾸만 돈을 쓰게 됩니다. 나에게 꼭 필요한 물건을 사는 게 아니라 좋아 보이는 물건을 사는 것, 그게 과소비 아닌가요?"

"그렇지만 물건을 만들고 파는 사람의 입장에서 봤을 때는 조금이라도 더 팔아야 돈을 벌 수 있잖아요. 그러려면 광고를 할 수밖에 없고요."

서현이가 입을 삐죽 내밀었다.

"저기, 제가 언제 광고를 하지 말아야 한다고 했나요? 광고가 너무 마구잡이로 나오니까 필요치 않은 물건까지 사게 되고, 그게 과소비가 된다고 했지요."

"그 말이 그 말이죠."

민준이와 서현이가 티격태격 말을 주고받았다. 혜린이가 고개를 절레절레 저으며 손을 들었다.

"그래, 혜린이가 정리 좀 해 보자."

선생님이 허리를 뒤로 젖히며 혜린이를 쳐다보았다.

"광고를 만들고 매체에 실리게 하려면 광고비가 듭니다. 그리고 이 광고비는 물건 가격에 포함돼요. 곧, 광고를 하는 물건은 하지 않은 물건보다 비쌉니다. 예전에 할머니와 함께 약국에 간 적이 있었습니다. 할머니는 다리가 아프셔서 '효과 빠른 관절염 치료제'라고 광고하는 약을 사려고 하셨습니다. 그런데 약사 아저씨께서 다른 약을 권해 주셨습니다. 그 이유는 광고를 하는 그 약과 성분은 똑같은데 광고비가 들어 있지 않아서 가격이 훨씬 싸기 때문이었습니다. 저희 할머니는 둘 중 어떤 약을 선택하셨을까요?"

아이들은 고개를 갸웃거렸다.

"할머니는 결국 광고에 나오는 그 약을 선택하셨습니다. 제가 할머니께 왜 그 약을 사셨는지 여쭤봤더니 약사 아저씨가 권해 준 약을 믿지 못하겠다고 하셨습니다. 곧, 광고에 나오면 믿을 만한 약이라고 생각하신 겁니다. 저는 처음에 할머니의 생각을 잘 이해할 수 없었습니다. 그런데 지난해 제 생일에 가방이 필요해서 대형 마트에 갔는데, 거기서 저는 혼란에 빠지고 말았습니다."

"왜?"

아이들이 눈을 동그랗게 뜨고 혜린이를 쳐다보았다.

"디자인은 평범하지만 텔레비전 광고에 자주 나오는 브랜드의 가방과, 디자인도 예쁘고 마음에 들지만 광고를 하지 않는 저가 브랜드의 가방을 두고 고민에 빠졌기 때문입니다. 결국 저는 광고에 나오는 브랜드의 가방을 골랐습니다."

아이들은 그럴 줄 알았다는 듯 고개를 끄덕였다.

"저는 광고에 나오는 약을 사는 할머니를 이해 못 했지만, 결국 할머니와 똑같은 결정을 했습니다. 만약 광고만 아니었다면 저는 당연히 예쁜 디자인의 가방을 골랐을 거예요. 아마도 이런 경험을 한 것은 저뿐만이 아닐 것입니다. 사람들의 이런 생각 때문에 물건을 만드는 회사에서는 돈을 많이 들여서라도 화려한 광고를 하려고 합니다. 그러다 보니 우리는 제품의 질과는 전혀 상관없이, 광고비가 더해진 비싼 제품을 사게 됩니다. 저는 광고와 과소비는 분명히 서로 관련이 있다고 생각합니다."

말을 마친 뒤 혜린이는 교실을 한 바퀴 둘러보았다. 아이들이 모두 고개를 끄덕이고 있었다. 마음이 편안해졌다. 그런데 그때였다. 우진이가 손을 번쩍 들었다.

"그러면 안 사면 되잖아요."

아이들이 큰 소리로 웃었다.

"쟤는 아까부터 똑같은 말만 해."

준서가 중얼거리듯 말했다.

"아니, 광고를 하는 건 그 제품의 장점을 알려 주는 것이지 꼭 사라고 강요하는 게 아니잖아요. 그런데도 사는 건 솔직히 다른 이유가 있는 것 아닌가요?"

"다른 이유? 어떤 이유가 있을까요?"

선생님이 흥미로운 듯 우진이 쪽으로 몸을 기울이며 물었다.

"자랑하고 싶어서 그러는 거죠. 나도 이렇게 광고에 나오는 비싼 물건을 가지고 있다고 자랑하고 싶어서요."

"오오!"

아이들 사이에서 환호성이 터져 나왔다.

"우리 누나가 얼마 전부터 부모님께 걸 그룹 멤버가 광고하는 브랜드 옷을 사 달라고 조르고 있거든요. 부모님은 학생에게 너무 비싼 옷이라며 안 사 주셨어요. 그래서 제가 누나한테 입을 옷이 없는 것도 아닌데 왜 비싼 옷을 꼭 사려고 하는지 물어봤, 아니 따졌어요. 그랬더니 누나가 그 옷은 그냥 옷이 아니라고 하는 거예요."

"무슨 말이야?"

아이들이 고개를 갸웃거렸다.

"그러니까 그 옷은 추위를 막아 주기 위한 옷이 아니라, 예쁜 걸 그룹 누나들이 입는 것과 똑같은 옷을 입었다는 즐거움, 다른 친구들의 부러움을 한 몸에 받으면서 생기는 자신감…… 뭐 그런 거라고 하더라고요. 그렇게 따지면 사실 비싸게 주는 그 돈이 전혀 쓸모없는 건 아니잖아요. 돈으로도 못 사는 행복을 주는데요."

민준이와 준서, 혜린이가 약속이라도 한 듯 미간을 찌푸렸다. 그러더니 준서가 손을 들었다.

"만일 유명인이 광고한 비싼 제품을 사는 것이 행복을 주는 것이라면, 정말 형편이 좋지 않아 그런 물건을 못 사는 사람들은 불행한 건가요? 저희 가족은 비싼 브랜드 물건을 웬만해서는 잘 안 사거든요. 그렇지만 한 번도 그게 불행하다고 생각해 본 적이 없습니다. 오히려 물건을 싸게 잘 사면 기분이 좋습니다. 행복을 느끼는 기준은 사람마다 다른 건데, 하필 비싼 물건을 샀을 때 행복하다고 느낀다면 그건 잘못된 것 아닌가요?"

"저는 비싼 물건을 못 사는 사람들이 불행하다고 한 적 없는데요?"

준서의 말에 우진이가 입을 불쑥 내밀었다.

"그렇지만 비싼 물건을 사는 사람들이 행복하다고 했잖아요."

준서는 우진이를 쳐다보며 쏘아붙였다.

"어허, 그만, 그만……."

선생님이 두 친구를 번갈아 쳐다보았다.

"토론은 토론일 뿐, 싸움이 아니라고 첫 시간에도 말했지요?"

토론반 아이들이 순간 모두 조용해졌다.

"혹시 우리 토론반 친구들은 '광고는 자본주의의 꽃이다.'라는 말, 들어 본 적 있나요?"

선생님의 질문에 민준이와 영지가 손을 들었다.

"그럼 어떤 의미인지 누가 말해 볼까?"

민준이가 고개를 살짝 옆으로 까닥 하더니 손을 들며 말했다.

"광고는 소비자들을 유혹해서 나비나 벌처럼 몰려들게 만든다……. 이런 뜻 아닌가요?"

"음, 맞아요. 물건을 생산하고 사고파는 것이 자본주의의 기본적인 원리죠. 광고는 그 과정의 딱 중간쯤에 자리 잡고 있습니다. 그러면서 물건을 생산하고, 사고파는 일들을 훨씬 더 활발하게 만들어 줍니다. 마치 꽃처럼 화려함을 자랑하고, 향기를 내뿜으면서 말이죠. 광고는 이처럼 생산과 소비 활동을 촉진시켜 경제가 살아나게 하는 역할을 하기도 하지만, 그게 넘치게 되면 많은 친구들이 말했듯이 과소비를 부추기는 원인이 되기도 합니다."

선생님은 잠깐 말을 중단하고 아이들을 둘러보았다.

## 자본과 환경

"자, 그럼 두 번째 논쟁거리인 '사회 발전과 환경 보호 중 어느 것이 더 중요할까?'에 대한 토론을 시작해 보도록 하겠습니다. 이번에도 역시 주제 발표부터……. 누가 먼저 시작할까?"

혜린이가 손을 번쩍 들었다.

"환경은 우리 인류에게 정말 중요한 문제입니다. 숨 쉬는 데 필요한 공기에서부터 마시는 물, 인류가 살아가는 데 가장 기본적으로 필요한 모든 것이 바로 환경이기 때문입니다. 그런데 인류가 발전을 해 오면서 가장 많이 파괴된 것도 바로 이 환경입니다. 여러분은 혹시 아마존 정글의 별명이 뭔지 아나요?"

"아, 오늘은 왜 이렇게 묻는 게 많아."

우진이가 투덜거리자 아이들이 웃음을 터뜨렸다.

"아마존 정글의 별명은 '지구의 허파'입니다. 사람이 숨을 쉬는 데 허파가 꼭 필요한 것처럼 지구에 산소를 공급하는 데 있어서 꼭 필요한 숲이

라는 뜻이지요. 그런데 이 아마존 정글이 매년 조금씩 사라지고 있는데요, 그 가장 대표적인 이유가 바로 '햄버거 커넥션'입니다."

"햄버거 커넥션?"

아이들이 웅성거렸다.

"아마존 정글에는 울창한 삼림이 있습니다. 그런데 이 정글에 일부러 불을 지를 때가 있습니다. 이렇게 불을 지르면 나무가 사라지고 풀이 자라납니다. 그리고 그곳에 소를 풀어 키웁니다. 이처럼 나무를 태워 없애면서까지 소를 키우는 이유는 그 소의 고기를 햄버거 회사에 팔기 때문이지요. 열대 우림이 파괴되고, 그곳에 소를 키우고, 그 소를 가지고 햄버거를 만들고, 더 많은 햄버거를 만들기 위해 나무를 더 베는 이런 악순환을 두고 멕시코의 환경 운동가인 가브리엘 과드리는 햄버거 커넥션이라는 이름을 붙였습니다."

> **햄버거 커넥션의 피해**
>
> 100그램짜리 햄버거 패티 하나를 만들기 위해 열대 우림 5제곱미터가 목초지로 변한다. 이렇게 해서 줄어든 열대 우림의 면적은 36만 제곱킬로미터로, 일본 대륙의 크기와 비슷하다. 지금과 같은 속도로 계속해서 열대 우림이 사라진다면 20~50년 안에 240만 제곱킬로미터의 열대 우림 전체가 사라질 것이라고 예측하는 전문가들도 있다. 이처럼 열대 우림이 사라지면서 지구상에는 산소가 부족해지고, 이산화 탄소 등의 온실가스가 많아져 지구 온난화가 계속되면서 이상 기후 역시 심해지고 있다.

아이들은 심각한 표정으로 혜린이의 발표에 귀를 기울였다.

"아마존뿐 아니라 우리나라도 환경 문제는 심각합니다. 1991년에는 모 대기업이 화학 물질인 페놀을 낙동강으로 흘려보내 대구 시민들에게 엄청난 피해를 입혔습니다. 그리고 밀양에서는 높은 전압의 전기가 흐르는 송전탑 건설에 반대하던 주민이 약을 먹고 스스로 목숨을 끊었습니다. 환경 문제는 우리의 생활과 정말 밀접한 문제입니다. 돈 때문에, 욕심 때문에 환경이 파괴되는 것을 더 이상 지켜보아서는 안 됩니다."

혜린이가 담담한 목소리로 발표를 마쳤다.

"자, 그럼 이번에는 상대 팀의 주제 발표를 들어 보겠습니다."

영지가 준비해 온 자료를 추스르며 발표를 시작했다.

"몇십 년 전까지만 해도 우리나라의 가장 주된 산업은 농업이었고, 사람이 살아가는 곳이면 어디에나 논과 밭, 그리고 푸른 산이 있었습니다. 그렇지만 지금은 다양한 산업이 생겨났고, 사회는 점점 발전해 가고 있습니다."

아이들이 영지의 말에 고개를 끄덕였다.

"이처럼 사회가 발전하면서 생겨난 문제 중 하나가 바로 환경 문제라고 생각합니다. 환경이 나쁘면 사람들이 살아가기 어렵다는 것은 모두 알고 있습니다. 그렇지만 원자력 발전소가 위험하다고 해서 전기 없이 살아갈 수 없고, 물이 오염된다고 해서 세제 없이 살아갈 수는 없습니다. 환경은 우리가 살아가는 데 아주 중요하지만, 사회의 발전도 마찬가지로 중요합니다. 사회가 발전되는 과정에서 환경의 파괴는 어쩔 수 없는 면도 있다고 생각합니다."

영지의 발표가 끝나자 교실은 순간 조용해졌다.

"두 팀의 발표 잘 들었습니다. 그러면 이번에는 반대 의견이나 질문을 해 볼 차례인데요, 누가 먼저 할까?"

혜린이가 손을 번쩍 들었다.

"영지는 인류가 발전하는 것과 환경 파괴가 마치 어쩔 수 없는 관계인 것처럼 말했는데요, 그렇다면 햄버거 커넥션에 대해서는 어떻게 생각하나요? 이런 일들은 어쩔 수 없이 일어나는 일이 아니라 기업의 욕심이 만들어 낸 환경 파괴 아닌가요?"

영지가 잠깐 생각을 하는 듯하더니 말문을 열었다.

"햄버거 회사는 왜 그렇게 많은 소를 키워야 하는 걸까요?"

영지의 질문에 교실에 있던 모든 아이들이 웅성거렸다.

"아까 말했잖아. 햄버거 만드느라고……."

아이들의 반응을 살펴보던 영지가 자신 있는 표정을 지었다.

"만약 햄버거를 원하는 사람 수가 줄면 햄버거 회사에서는 소를 그렇게 많이 키울 필요가 없습니다. 결국 아마존 정글이 사라지는 것은 햄버거 회사의 욕심 때문이 아니라 햄버거를 먹고 싶어 하는 사람들이 많아졌기 때문이라는 것이죠."

"그런가?"

아이들은 고개를 갸웃거렸다.

"여러분이 배가 고프고 햄버거가 먹고 싶어서 패스트푸드점에 갔습니다. 그런데 만약 패스트푸드점에서 '아마존 정글이 너무 많이 파괴되어서 소를 적게 키우기로 했고, 그 결과 고기가 부족해져서 오늘은 오후 2시 이후부터 햄버거를 팔 수 없습니다.'라고 하면 기쁜 마음으로 빈손으로 나올 수 있을까요? 아마도 햄버거를 먹지 못해서 기분이 매우 나빠질 거예요."

아이들이 여기저기서 웃음을 터뜨렸다.

"아마존 정글을 살리고, 햄버거를 조금만 만들게 하려면 사람들이 더 이상 햄버거를 사지 않게 하면 됩니다. 원하는 사람이 적어지면 소를 그만큼 적게 키워도 되고, 아마존 정글도 더 이상 파괴되지 않을 것입니다. 아마존 정글이 사라지고 있는 건 햄버거 회사의 욕심이 아니라 햄버거를 찾는 사람들의 욕심 때문입니다."

영지가 단호한 말투로 말을 마쳤다. 혜린이의 입에서는 긴 한숨이 새어 나왔다. 그러자 선생님이 아이들을 쳐다보며 말했다.

"혜린이가 발표를 한 내용 중에는 햄버거 커넥션 말고도 낙동강 페놀 오염 사건과 밀양 송전탑에 대한 것도 있었어요. 아마존 정글의 이야기가 지구 환경에 대한 이야기라면 낙동강 페놀 오염 사건과 밀양 송전탑 이야기는 우리나라의 환경에 대한 이야기가 될 텐데요, 혜린이가 먼저 간단하게 낙동강 페놀 오염 사건에 대해 설명을 좀 해 볼까?"

혜린이는 목소리를 가다듬으며 자료를 들고 말을 시작했다.

"1991년, 구미 공단에 있던 한 전자 회사에서 가전제품을 만드는 데 사용하던 페놀 원액 30톤이 손상된 배수관을 통해 낙동강 수원지로 흘러들어 갔습니다. 수돗물에서 냄새가 나자 낙동강 수원지에서는 평소에 사용하던 염소를 쏟아부어 소독을 했습니다. 그런데 페놀이 염소를 만나면 아주 강한 악취가 나는 클로로페놀이라는 물질로 바뀌게 됩니다. 대구 시민들은 며칠 동안 페놀과 클로로페놀이 섞인 수돗물을 사용해야 했습니다. 그 결과 이 수돗물을 마신 임산부들이 유산을 하거나 기형아를 낳는 등 엄청난 피해를 입었습니다."

"어휴……."

아이들이 미간을 찌푸린 채 한숨을 쉬었다.

'흠, 설마 반대 의견이 있지는 않겠지?'

혜린이가 그렇게 생각하고 있을 때였다. 그때 서현이가 손을 번쩍 들었다.

"그런데 그건 그 회사가 고의로 벌인 일이 아니잖아요. 예상치 못한 사고였을 뿐이죠."

혜린이는 얼른 손을 들고 말했다.

"낙동강 페놀 오염 사건이 일어난 후, 그 회사는 운영을 하지 못하고 있다가 고의가 아니라는 재판부의 판단에 따라서 다시 공장 운영을 시작했습니다. 그런데 또다시 똑같은 사고가 일어났습니다."

"너무했다."

아이들이 웅성거렸다. 그러자 서현이가 다시 손을 들었다.

"구미에는 전자 회사에서 운영하는 공장이 많은 것으로 알고 있습니다. 구미의 공장이 문을 닫으면 가전제품을 만들 수가 없습니다. 그러니까 공장 문을 닫게 할 수 없었던 것 아닌가요? 그 공장에서 일하는 노동자들도 많을 테고요."

"그게 사람의 목숨보다 중요한가요?"

혜린이가 서현이를 똑바로 쳐다보며 물었다.

"생명을 잃은 사람은 없었잖아요."

"엄마 배 속에 있던 아기가 세상을 떠났잖아요."

서현이는 더 이상 아무 말도 하지 않았다. 아이들도 뭐라 할 말이 없는지 고개만 숙이고 있었다.

"낙동강 페놀 오염 사건은 우리나라 최대의 공해 사건으로 기록되었으며, 당시 그 기업의 회장과 환경부 장관이 자리를 내놓을 정도로 심각한 사건이었습니다. 그리고 전 국민이 그 기업의 물건을 사지 않는 불매 운동에 동참할 만큼 전국적으로 큰 충격을 주었지요."

선생님께서 말을 마친 뒤 혜린이를 쳐다보았다.

"그럼 이번에는 밀양 송전탑 사건에 관한 간단한 설명 좀 부탁할까?"

혜린이는 다시 자료를 챙겨 들고 발표를 시작했다.

"우리나라에는 지금도 전남 영광군, 부산 기장군, 경북 경주시 등 여러 곳에 원자력 발전소가 있습니다. 그런데 전기가 부족하다며 울산광역시 울주군에 신고리 원자력 발전소를 새로 짓기로 결정했습니다. 원자력 발전소가 지어지면 여기에서 나온 전기를 수도권으로 전해 주는 송전탑이 필요합니다. 그런데 이 송전탑을 밀양의 주거 지역에 짓기로 한 것이 이 사건의 출발이었습니다. 보통의 송전탑이 옮기는 전기의 전압은 345킬로볼트입니다. 그런데 밀양에 지어지는 송전탑은 이보다 두 배 이상 높은 756킬로볼트의 전기를 옮기도록 되어 있었습니다. 이 초고압 송전탑은 높이만 140미터입니다. 45층 건물과 같은 높이지요."

"헉! 정말?"

아이들이 깜짝 놀라 탄성을 질렀다.

"게다가 송전탑에서는 소음이 나기도 하는데, 345킬로볼트의 송전탑도 비가 오는 날이면 소리가 너무 커서 가까운 곳에서는 창문도 열어 놓을 수 없을 정도라고 합니다. 그리고 거기에서 나오는 전자파 역시 어마어마

할 것입니다. 밀양에는 모두 69개의 송전탑을 세우기로 계획되어 있는데, 이 중 하나는 과수원, 또 하나는 들판에 지어지게 되어 있었습니다. 이렇게 지어진다면 그 송전탑 주변에는 사람이 얼씬도 할 수 없게 됩니다."

아이들의 표정이 점점 심각해졌다.

"실제로 송전탑 주변에 사는 사람들은 암 발병률이 30퍼센트나 높다고 하고, 국제 암 연구소는 송전 선로에서 발생하는 전자파를 암을 일으킬 가능성이 있는 등급으로 분류하고 있습니다. 이런 이유로 밀양 주민들은 송전탑 건설에 강하게 반대했습니다. 주민 대부분은 그곳에서 평생 농사

를 지었을 뿐 아니라, 그곳에 있는 땅이 전 재산이신 분들입니다. 그런데 그런 땅이 송전탑 때문에 쓸모없는 황무지로 변하게 된 것입니다. 그래서 있는 힘을 다해 시위를 했지만, 이에 아랑곳하지 않고 공사는 계속되었습니다. 그러다 결국 2012년 1월에 이치우 할아버지는 분신자살을 하셨고, 2013년 12월에는 유한숙 할아버지가 농약을 마시고 스스로 목숨을 끊으셨습니다."

"하아, 어떡하냐?"

몇몇 아이들이 얼굴을 감싸며 소리쳤다.

"혜린이 발표 잘 들었고요, 그럼 상대 팀 친구들의 의견을 들어 보도록 합시다."

선생님의 말씀이 끝나도 한참 동안 아이들은 서로 눈치만 살폈다. 그러다 서현이가 힘없이 손을 들었다.

"저도 이 사건을 알고 굉장히 안타깝게 생각하면서 조사를 했었어요. 그런데 조사를 하다 보니 사실과는 다른, 여러 괴담들이 마치 사실인양 퍼지고 있다는 걸 알았어요."

"괴담?"

서현이의 말에 아이들이 술렁였다.

"먼저 밀양에 지어지는 송전 선로가 수도권에 전기를 공급하기 위한 것이라는 내용은 사실이 아닙니다. 분명히 울산광역시의 신고리 원자력 발전소에서 경남 창녕의 북경남 변전소까지만 연결된 송전 선로입니다. 그리고 이렇게 지어지면 그 발전소에서 생산되는 전기가 영남 지역에서만

| 연도 | 발전(만kW) | 수요(만kW) | 영남 지역 유입 전력(만kW) |
|---|---|---|---|
| 2012 | 2,040 | 2,190 | 150 |
| 2014 | 2,260 | 2,270 | 10 |

사용된다는 것은 너무나 당연한 이야기입니다."

서현이는 갑자기 스케치북을 펼쳐 보였다.

"바로 이것이 영남 지역에 전기를 더 공급해야 하는 이유입니다. 보면 알겠지만 영남 지역에서는 늘 전기가 부족했어요. 이런 이유로 송전 선로를 만들려고 하는데, 이 전기가 수도권으로 간다고 잘못 소문이 난 것입니다. 그리고 또 하나의 괴담은 전자파예요. 송전 선로에서 나오는 전자파가 높다고 하지만, 실제로는 전자레인지나 청소기, 전기장판에서 나오는 전자파보다 훨씬 적다고 해요. 세계 보건 기구에서는 지난 12년 동안 연구한 결과, 송전 선로에서 나오는 전자파는 사람의 몸에 아무 영향도 미치지 않는다는 내용을 발표하기도 했어요. 송전 선로의 전자파 이야기는 그야말로 괴담인 것이지요."

아이들이 깜짝 놀라며 서현이의 얘기를 주의 깊게 들었다.

"전기는 모두에게 필요한 에너지입니다. 지난 몇 년 동안 우리는 여름만 되면 전기가 부족해서 에어컨도 마음껏 틀지 못했어요. 만일 전기를 만드는 발전소나 전기를 옮기는 송전 선로를 지을 수 없게 된다면, 우리는 앞으로도 계속 전기가 부족한 채로 살아야 할 거예요. 그리고 원하는 사람은 많은데, 전기는 부족하니까 전기세도 엄청나게 오르게 될 거예요. 이런 불편함을 없애기 위해 만드는 송전 선로인데, 내가 사는 지역, 내가 농사짓는 땅 위로는 안 된다고 주장하는 게 정말 옳은 일인지, 저는 잘 모르겠어요."

서현이가 발표를 마쳤다.

"아무래도 최근의 일이라 그런지 모두들 관심을 갖고 준비를 정말 잘해 왔네요."

선생님의 말씀에 아이들이 고개를 끄덕였다. 그러는 사이 혜린이가 손을 번쩍 들었다.

"모든 얘기가 다 괴담이라고 하셨죠? 그럼 밀양 주민들은 하찮은 괴담 때문에 목숨을 버린 셈이네요."

"아, 아니, 그런 뜻은 아니고……."

서현이가 손사래를 쳤다. 혜린이는 자료 한 장을 꺼내 들고 다시 말을 계속했다.

"송전 선로가 수도권으로 가지 않고 영남 지역에만 전기를 공급한다고 했죠? 영남 지역에서 유일하게 전기가 부족한 도시는 공장들이 많이 모여 있는 울산광역시입니다. 그런데 신고리 원자력 발전소는 바로 울산광역시에 지어질 예정입니다. 곧, 송전 선로가 아예 필요가 없다는 뜻이지요. 그런데도 밀양 송전탑 건설은 계속되고 있습니다. 전기가 수도권으로 가는 것이든 아니든, 밀양 송전탑 사업은 애초부터 잘못된 것입니다."

아이들은 또다시 놀라워하며 혜린이의 말에 집중했다.

"그리고 송전 선로의 전자파가 인체에 아무 해가 없다고요? 아까 발표할 때 청소기, 전자레인지, 전기장판의 전자파와 송전 선로의 전자파를 비교했지요? 가만히 생각을 해 보세요. 하루 중에서 우리가 청소기와 전자레인지, 전기장판을 몇 시간이나 사용하나요? 아마 하루 종일 청소를 하거나 전자레인지에 음식을 데우거나 전기장판을 켜 놓지는 않을 것입니다. 그렇지만 송전 선로는 종일, 단 1초도 쉬지 않고 전자파를 내뿜고 있습니다. 이게 과연 비교가 되는 이야기인가요?"

아이들 사이에서 '와' 하는 탄성이 들렸다.

"그 모든 이야기들이 다 괴담이고 사실과는 다른 이야기라고 해서 달라지는 것은 아무것도 없습니다. 아무리 사실이 아니라고 떠들어도 주민들은 불안해할 것이고, 송전 선로의 주변에서는 아무도 농사를 지으려 하지 않을 것입니다. 그러면 그 땅들은 모두 쓸모가 없어지고, 재산으로서의 가치도 없어질 것입니다."

"그래서 보상을 해 주잖아요."

준서가 답답하다는 듯 말했다.

"보상을 해 주면 뭘 하나요? 한국 전력에서 준다고 하는, 턱없이 부족한 보상금으로는 이사를 할 수도 없고, 다른 곳에 땅을 살 수도 없는데요."

혜린이의 말에 여기저기에서 다시 한숨이 나왔다. 선생님이 교실 뒤편에 있는 시계를 힐끔 보더니 아이들을 둘러보며 말했다.

"오늘 토론이 너무나 활기 넘치게 진행된 까닭에 시간이 어떻게 흘렀는지도 몰랐네요. 다들 그랬지?"

아이들이 고개를 끄덕였다.

"모두들 모르던 사실을 새롭게 알게 되기도 하고, 각자의 입장과 생각을 갖게 되었을 거라고 믿습니다. 그러면 이제 오늘 토론을 마무리해야 될 시간이네요. 오늘은 좀 특이하게 마무리 발언을 토론 팀이 아닌 학생 논객들이 한번 해 보는 건 어떨까? 오늘은 우리 생활과 자본주의에 관한 내용이니까 학생 논객들이 각자 느낀 것을 이야기해 보는 것도 좋을 것 같아서 말이야. 누가 한번 해 볼까?"

아이들은 서로 눈치만 살폈다. 잠시 후, 선우가 손을 번쩍 들었다. 사실 선우는 토론 시간이면 늘 집중을 못 했고, 토론이 끝나고 나면 늘 지루하다며 투덜거리기만 했었다. 그런데 오늘 토론 시간 내내 선우는 딴짓도 하지 않고, 진지하게 아이들의 이야기를 들었다.

"오, 그래. 선우가 한번 말해 보자."

선우는 약간은 쑥스러운 듯 얼굴을 붉히며 자리에서 일어섰다.

"솔직히 저는 토론 시간에 너무 어려운 말도 많이 하고 그래서 별로 재미가 없었거든요. 그런데 오늘은 좀…… 재미있던데요?"

쑥스러움을 숨기지 못하고 느릿느릿 말하는 선우의 모습을 보며 아이들 모두가 웃음을 터뜨렸다.

"저는 오늘 이야기들이 전부 다 처음 듣는 이야기들이었는데요, 화가 많이 났어요. 언론사들도 그렇고 햄버거 회사도 그렇고 송전탑도 그렇고……. 자기들도 일 많이 해서 돈을 많이 벌고 싶겠지만, 좀 더 양심적으로 일했으면 좋겠어요. 무엇보다 가장 중요한 건 사람이잖아요. 사람의 생각을 마음대로 조종하려고 해도 안 되고, 사람들이 살아가는 데 꼭 필요한 환경을 파괴하는 것도 정말 나쁜 일이라고 생각합니다."

선우가 얼른 자리에 앉았다.

"선우가 아주 좋은 이야기를 해 주었네요. '무엇보다 중요한 건 사람이다.' 정말 우리가 꼭 기억해야 할 말이죠."

아이들도 고개를 끄덕였다.

"그럼 이번에는 다른 생각을 가지고 있는 친구?"

이번에는 가영이가 손을 들었다.

"저도 물론 사람이 중요하다고 생각합니다. 그런데 언론이나 광고도, 햄버거 회사도, 한국 전력도 모두 사람을 위한 일을 하잖아요. 사람들에게 새로운 소식을 전해 주고, 좋은 제품이 있으면 알려 주고, 음식을 만들어 주고, 전기를 공급해 주고……. 이런 일들이 제대로 되지 않으면 재미도 없어지고, 불편해질 것입니다. 이렇게 사람들이 원하는 일을 하는 기업인데 무조건 잘못했다고 욕하는 것은 별로 좋지 않은 것 같습니다. 인정해 줄 건 인정해 줘야 한다고 생각합니다."

가영이가 자리에 앉자 선생님이 환하게 미소를 지었다.

"가영이도 토론 시간 내내 참 많은 생각을 했던 것 같습니다. 그렇죠?"

아이들이 고개를 끄덕였다.

"오늘 모두들……."

그때, 수업 시간 끝을 알리는 종소리가 울렸다.

"어이쿠, 서둘러야겠네. 오늘 모두 고생 많았고요. 벌써 다음 주면 토론 수업 마지막 시간입니다. 지금까지 자본주의와 사람에 대해 많은 토론을 해 보았는데요, 다음 주는 지금까지 이어졌던 토론의 완결편이 될 것 같습니다. 그럼 다음 주 토론 시간을 기대하면서 이번 토론은 마무리하도록 하겠습니다. 모두 고생했어요."

선생님이 박수를 치자 아이들도 모두 큰 소리로 박수를 쳤다.

## 함께 정리해 보기
### 우리 생활과 자본주의

| 자본의 발전 | 논쟁이 되는 문제 | 자본의 욕심 |
|---|---|---|
| 자본을 가진 기업이 언론사를 만들지 못할 이유가 없으며, 공정성을 판단하는 것은 시청자들의 몫이다. | 언론은 자본의 입장을 대변하는 것일까? | 일부 기업이 언론사를 가지게 되면서 공정해야 할 언론이 제 기능을 하지 못하고 있다. |
| 광고를 보고 소비를 결정하는 것은 소비자의 판단에 따른 것이다. | 광고는 소비를 부추기는 것일까? | 같은 제품이라도 광고를 하는 제품은 광고비를 소비자에게 떠넘기기 때문에 과소비를 부추기게 된다. |
| 사회가 발전되어야 사람들도 더 편하게 살아갈 수 있기 때문에 환경 파괴는 어느 정도 감수해야 한다. | 사회 발전과 환경 보호 중 어느 것이 더 중요할까? | 자본의 욕심에 의해 파괴되는 자연환경 때문에 인류의 건강한 삶이 위협받고 있다. |

## 5장

# 자본주의, 이대로 괜찮은가?

자본주의 사회를 살아가는 사람들은 돈을 벌기 위해 힘들게 일을 하면서 동시에 하루 종일 소비를 하면서 살고 있습니다.
산업 혁명 이후 세상에 모습을 드러낸 자본주의는 하루가 다르게 변화하고 발전해 왔습니다. 그렇다면 자본주의의 발전이 우리 사회의 발전이라고 봐도 좋은 걸까요? 아니면 점점 더 사람의 가치를 떨어뜨리고 있는 그릇된 경제 체제일까요?
앞으로도 우리는 이 사회에서 살아가야 합니다. 우리가 아직 몰랐던 자본주의의 또 다른 얼굴은 없는지, 더 나은 미래를 만들기 위해 자본주의가 나아가야 할 길은 무엇인지 함께 생각해 보도록 합시다.

## 자본주의 유지 팀

많은 경제 체제들이 사라지고 자본주의만 남은 것은 자본주의가 그만큼 발전된 경제 체제이기 때문이야. 그렇기 때문에 자본주의는 당연히 유지되고 발전되어야 해. 자유롭게 경쟁하면서 말이야. 국가가 개입하는 것은 경제의 자유를 빼앗는 것이지. 자본주의의 대안으로 제시하는 협동조합, 공정 무역, 공유 경제는 모두 이윤이 발생하지 않으면 유지될 수 없어. 결국 자본주의의 대안이 될 수 없는 것이지.

## 대안 필요 팀

민준　혜린　영지

자본주의는 전 세계에서 손가락질을 받고 있는 경제 체제야. 빈부 격차, 실업자 문제 등 자본주의의 문제점과 한계는 이미 명확히 드러나 있어. 스웨덴 같은 북유럽 국가들처럼 국가가 조금만 개입하면 자본주의의 문제점들을 해결할 수 있어. 세금을 많이 내는 만큼 좋은 복지 환경을 누릴 수 있는 것이지. 협동조합, 공정 무역, 공유 경제는 이윤이라는 '결과'보다 돈을 버는 '과정'으로서의 가치를 중요시하므로 자본주의의 훌륭한 대안이 될 수 있어.

# 자본주의, 이대로 괜찮은가?

## 자본주의와 국가

수업이 시작되는 종소리가 울리자, 선생님은 자료 꾸러미를 옆구리에 낀 채 교실로 들어왔다.

"아, 오늘이 어느덧 마지막 토론이네요."

선생님의 말에 아이들이 고개를 끄덕였다. 선생님은 자리에 앉으며 말했다.

"지금까지 우리는 자본주의에 대해 다양한 의견을 갖고 토론을 해 왔습니다. 오늘은 그 마지막 시간으로, 지금까지 우리가 했던 토론들을 종합해서 '자본주의, 이대로 괜찮은가?'라는 주제로 토론을 진행해 보도록 하겠습니다. 토론을 하는 친구들은 현재의 자본주의를 유지, 발전시켜야 한다는 자본주의 유지 팀과 자본주의를 대신할 대안이 필요하다는 대안 필요 팀, 이렇게 두 팀으로 나뉘었는데요. 서현이, 우진이, 준서가 자본주의 유지 팀, 그리고 민준이, 혜린이, 영지가 대안 필요 팀입니다."

양 팀 아이들은 마지막 시간까지도 어색하게 인사를 했다.

"자, 그럼 '자본주의는 유지돼야 할까?'라는 논쟁거리를 가지고 첫 번째 토론을 시작하겠습니다. 주제 발표부터 해 볼까요? 자, 누가 준비해 왔니?"

자본주의 유지 팀의 준서와 대안 필요 팀의 영지가 손을 들었다.

"좋아. 그럼 준서부터 해 보자."

준서가 차분한 표정으로 이야기를 시작했다.

"자본주의가 역사에 본격적으로 등장한 것은 18세기 영국의 산업 혁명 이후였습니다. 산업 혁명 이후 사람들의 생활은 눈에 띄게 안정되었습니다. 이처럼 많은 사람들을 가난에서 벗어나게 한 힘은 바로 자본주의였습니다."

준서는 아이들을 살펴보더니 발표를 계속했다.

"자본주의와 상대적인 경제 체제는 공산주의입니다. 모두 다 같이 일을 하고, 번 돈은 같이 나누기 때문에 부자와 가난한 자의 차이가 없고, 모두 행복하다는 것이 공산주의자들의 주장이었습니다. 그렇지만 실제로는 모두 행복한 게 아니라 모두 가난해졌고, 결국 공산주의는 무너졌습니다. 그리고 무너진 공산주의 국가들은 자본주의 경제 체제를 받아들였습니다. 곧, 자본주의가 다른 어떤 경제 체제보다 뛰어나다는 것은 역사가 말해 주고 있는 것입니다."

준서는 다시 한번 아이들을 살펴보며 말했다.

"돈 때문에 사건 사고가 일어날 때마다 사람들은 '자본주의의 문제점'이라는 말을 합니다. 그렇지만 이런 사건 사고를 겪는 사람보다 겪지 않는 사람이 훨씬 많고, 겪지 않은 사람들은 노력한 만큼 돈을 벌어 쓰거나 모으는 즐거움을 느끼며 자본주의 사회를 잘 살아가고 있습니다. 그렇기 때문에 자본주의는 앞으로도 잘 유지되고 발전될 거라고 생각합니다."

준서가 차분하게 발표를 마쳤다.

"자, 다음은 영지가 발표를 해 보자."

선생님이 영지를 향해 손짓을 했다.

"자본주의 사회에서는 돈이 아주 중요합니다. 그런데 문제는 돈의 중요성이 지나치게 커져 버렸다는 것입니다. 그러다 보니 가난한 사람과 부자의 차이는 점점 더 심해지고, 돈이 없는 사람들은 먹고, 입고, 자는 가장 기본적인 생활조차 어려워졌습니다. 자본주의

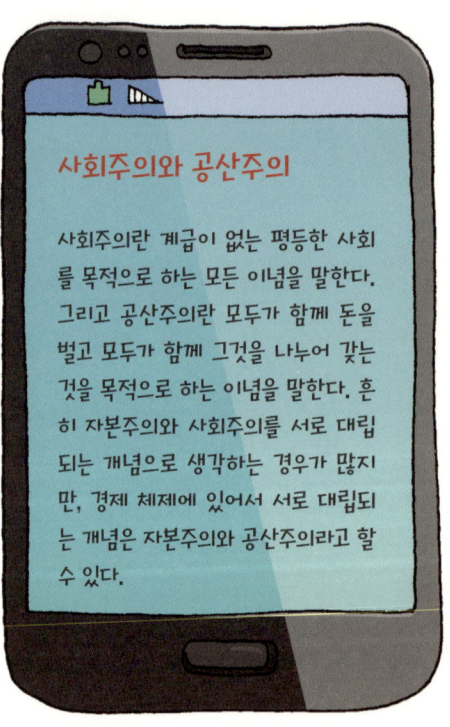

**사회주의와 공산주의**

사회주의란 계급이 없는 평등한 사회를 목적으로 하는 모든 이념을 말한다. 그리고 공산주의란 모두가 함께 돈을 벌고 모두가 함께 그것을 나누어 갖는 것을 목적으로 하는 이념을 말한다. 흔히 자본주의와 사회주의를 서로 대립되는 개념으로 생각하는 경우가 많지만, 경제 체제에 있어서 서로 대립되는 개념은 자본주의와 공산주의라고 할 수 있다.

는 누구라도 능력만 있고, 노력만 하면 부자가 될 수 있다는 환상을 심어 주었습니다. 그렇지만 실상은 사람을 돈의 노예로 만들었습니다. 만일 자본주의가 지금 이대로 계속된다면 결국 이 세상의 주인은 돈이 되고 말 것입니다. 지금이라도 자본주의의 문제점들을 함께 깨닫고, 새로운 대안을 마련해야 한다고 생각합니다."

영지가 또박또박 발표를 마쳤다.

"두 팀의 입장을 모두 잘 이해했으리라 생각합니다. 그럼 이번에는 상대 팀의 주제 발표에 대한 반대 의견이나 질문이 있으면 손을 들고 해 보도록 할게요."

선생님의 말씀에 민준이가 손을 번쩍 들었다.

"공산주의가 붕괴되고 전 세계가 자본주의화되었다고 이야기했는데요, 자본주의가 아무런 문제점이 없기 때문에 그렇게 된 거라고 생각하세요?"

"자본주의의 문제점이라고 하면 빈부의 격차, 노동자와 자본가 사이의 갈등 같은 것들이잖아요. 이걸 해결하려면 모두가 똑같은 재산을 가지고 있어야 하고, 노동자와 자본가가 따로 없어야 하는데, 그런 경제 체제가 바로 공산주의잖아요. 그렇게 따지면 자본주의의 문제점을 해결하기 위해 공산주의를 받아들여야 한다는 건데, 공산주의는 이미 자본주의보다 더 큰 문제점 때문에 무너졌으니까 자본주의가 더 뛰어나다는 뜻입니다."

준서가 책상 앞으로 몸을 바짝 붙이며 민준이를 쳐다보았다.

"세상에 경제 체제가 자본주의와 공산주의, 이렇게 두 가지만 있는 게 아닌데, 왜 이 둘만 가지고 이야기를 하는지 모르겠네요."

민준이가 고개를 갸웃거렸다.

"그럼 뭐가 또 있어요?"

준서는 도무지 알 수 없다는 표정이었다. 민준이는 스케치북을 펼쳐 들어 올렸다. 거기에는 표 하나가 적혀 있었다.

"이 표는 OECD국가 중 사회 복지에 지출을 많이 하는 1위부터 5위까지의 나라들입니다. 이 중에서 핀란드와 덴마크는 사회 민주주의 체제입니다. 또한 국민들의 행복 지수가 높은 다섯 나라들 중에서 핀란드와 덴마크, 노르웨이가 사회 민주주의 국가입니다."

민준이가 표에 있는 나라 이름을 가리키며 말했다.

|  | 1위 | 2위 | 3위 | 4위 | 5위 |
|---|---|---|---|---|---|
| 사회 복지 지출 | 프랑스 | 벨기에 | 핀란드 | 덴마크 | 이탈리아 |
| 행복 지수 | 핀란드 | 덴마크 | 스위스 | 아이슬란드 | 노르웨이 |

"사회 민주주의? 그게 뭐야?"

아이들은 모두 고개를 갸웃거렸다.

"모두들 알고 있듯 이 나라들은 다른 자본주의 국가들과 마찬가지로 자유롭게 경제 활동을 하고 있습니다. 그렇지만 자본주의의 문제점인 빈곤과 불평등의 문제점을 해결하기 위해 교육이나 주거, 의료와 같은 기초적인 사회 서비스를 국가에서 책임지고 있습니다. 곧, 복지에 많은 노력을 기울였다는 뜻이지요. 그 결과 국민들의 행복 지수 역시 매우 높은 순위에 올라 있습니다."

민준이는 스케치북의 다음 장을 펼쳐 들어 올렸다. 거기에는 한 남자의 초상화가 그려져 있었다.

"이 사람은 1930년대에 활동한 경제학자 케인스입니다. 케인스는 나라에서 경제적인 부분을 그냥 두고만 보다가 세계적 경제 혼란인 대공황이 일어났으니까, 이제는 나라가 경제에 적극적으로 개입해야 한다고 주장했습니다. 나라가 나서서 실업자에게 일자리를 주고, 토목, 건설과 같은 기

초 산업에 투자해야 한다는 것이었지요. 미국의 루스벨트 대통령은 이런 케인스의 이론을 받아들여 뉴딜 정책을 펼쳤는데, 이 정책이 성공하면서 케인스의 영향력은 전 세계로 뻗어 나갔습니다."

민준이는 스케치북을 내려놓으며 발표를 계속했다.

"사회 민주주의와 케인스의 주장에는 한 가지 공통점이 있습니다. 그것은 바로 자본주의의 문제점들을 고치기 위해 국가가 경제 정책에 개입을 했고, 그 결과 많은 부분이 좋아졌다는 것입니다. 꼭 공산주의가 아니어도 말이죠."

　민준이는 준서를 쏘아보며 말했다. 준서 역시 민준이를 노려보았다. 그 모습을 보던 선생님이 책상 앞으로 다가앉으며 말했다.

　"흠, 민준이의 반대 의견 잘 들었고요, 지금 자연스럽게 두 번째 논쟁거리인 '경제 활동에 국가의 개입은 필요한 것일까?'로 넘어가고 있는 것 같습니다. 그럼 지금부터 개인과 기업의 경제 활동과 국가의 개입에 대해 본격적으로 논의를 진행해 보도록 하겠습니다. 발표할 사람?"

　서현이가 조용히 손을 들었다.

### 뉴딜 정책

루스벨트 대통령은 대통령이 된 후, 대대적인 공공사업을 벌여 실업자들에게 일자리를 주었다. 그리고 사회 복지 법안을 마련해 노인이나 실업자, 장애인들에게 수당을 지급했으며 농업, 주택, 금융 기관 등 다양한 분야에 개혁을 실시하여 대공황을 극복하기 위한 정책을 펼쳤다. 이처럼 정부가 적극적으로 개입한 뉴딜 정책 덕분에 미국의 경제는 점차 회복될 수 있었다.

## 국가의 개입 vs 자유로운 경제 활동

　"케인스의 이론을 이야기했는데요. 저는 케인스와는 반대되는 두 경제학자의 의견을 좀 이야기해 볼까 해요."

　서현이가 '흠흠' 하며 목소리를 가다듬더니 이야기를 시작했다.

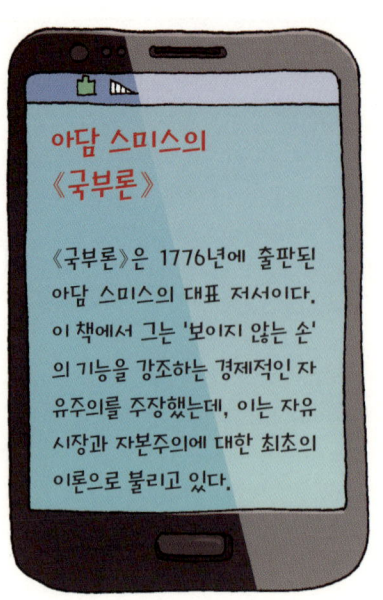

"먼저 아담 스미스 이야기부터 해 보겠습니다. 아담 스미스는 1700년대 스코틀랜드의 철학자이자 경제학자였어요. 그는 나라의 재산은 금과 은이 아니며, 노동이 이루어져야 재산이 쌓인다고 주장했어요. 그리고 모든 경제 활동은 '보이지 않는 손'이 결정한다고 했지요. 여기에서 '보이지 않는 손'이란 물건의 수와 그 물건을 원하는 사람의 수를 말하는 것입니다. 물건을 원하는 사람이 많고 물건의 수가 적으면 가격은 올라갑니다. 반대로 원하는 사람은 적은데 물건은 많으면 가격은 내려가지요. 이 '보이지 않는 손'이 적당한 가격을 결정할 수 있기 때문에 국가에서는 아무런 개입을 하지 않고 자유롭게 놔두면 된다고 주장했습니다."

"저기요!"

민준이가 자료를 뒤적이며 다급히 손을 들었다. 서현이가 깜짝 놀라 민준이를 쳐다보았다.

"솔직히 아담 스미스의 이야기는 저도 하려고 했거든요. 아담 스미스는 국가가 규제를 하지 않아도 사람들이 양심적으로 경제 활동을 할 거라고 생각했습니다. 그렇지만 현실은 그렇지 않았고, 돈을 벌기 위한 사람들의 욕심은 끝이 없었습니다. 그는 '국민 대부분이 가난하고 비참하게 사는데 그 나라를 부유하다고 할 수는 없다.'고 말했습니다. 그가 말한 자본주의는 지금처럼 무작정 돈이 목적인 자본주의가 아니었던 것입니다."

서현이는 잠깐 당황한 듯하더니 이내 말문을 열었다.

"처음 이야기했듯이, 아담 스미스는 1700년대의 경제학자예요. 그러니까 지금처럼 자본주의가 커졌을 때를 예상할 수가 없었을 테고, 그 당시에는 국가가 경제에 개입하지 말아야 한다는 것만으로도 아주 획기적인 주장이었다고 해요."

### 자유 시장 경제 체제

국가의 간섭 없이 개인의 자유로운 경제 활동을 보장하는 경제 사상을 자유 시장 경제 체제라고 한다. 자유 시장 경제 체제는 생산을 하는 사람들은 원하는 물건을 마음껏 만들 수 있고, 소비자는 대가를 지불하고 자유롭게 물건을 살 수 있으며, 노력한 만큼 보상을 얻을 수 있다는 장점이 있다. 그렇지만 전체적으로 무계획적이기 때문에 생산과 소비의 균형이 깨져 공황이 올 수 있고, 그로 인한 실업자가 발생할 수 있다. 또한 빈부의 차이가 커지고, 지나친 경쟁으로 자원을 낭비할 수 있다는 문제점도 있다.

'하아, 역시 서현이다.'

혜린이는 서현이의 날카로운 발언에 고개를 절레절레 저었다.

"두 번째로 이야기할 경제학자는 하이에크예요. 하이에크가 주장한 이론을 '신자유주의'라고 하는데요, 1970년대에 세계는 경제 위기를 겪고 있었어요. 이는 미국과 영국도 마찬가지였는데요, 영국의 대처 수상은 신자유주의를 받아들여 나라에서 운영하던 기업들을 개인이 운영할 수 있

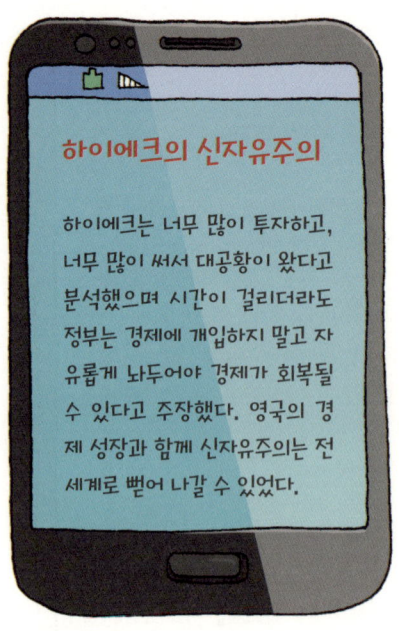

**하이에크의 신자유주의**

하이에크는 너무 많이 투자하고, 너무 많이 써서 대공황이 왔다고 분석했으며 시간이 걸리더라도 정부는 경제에 개입하지 말고 자유롭게 놔두어야 경제가 회복될 수 있다고 주장했다. 영국의 경제 성장과 함께 신자유주의는 전 세계로 뻗어 나갈 수 있었다.

도록 했고, 기업과 개인이 자유롭게 생산과 소비를 할 수 있도록 했지요. 그리고 폭넓은 복지 제도가 영국 국민들을 나태하게 만들었다며, 복지에 사용되는 돈을 줄였어요. 대처의 이런 정책으로 영국 경제는 눈에 띄는 큰 성장을 했지요."

서현이는 자료를 한 장 넘기며 발표를 계속했다.

"또한 미국의 레이건 대통령은 세금을 줄이고 기업들이 자유롭게 거래할 수 있도록 했어요. 이런 레이건 대통령의 경제 정책 덕분에 미국은 1950년대 이후 최고의 성장을 이루었어요. 미국과 영국, 두 나라의 경우를 보면 자유롭게 물건의 가격을 매기고, 거래를 하는 것이 얼마나 경제 성장에 큰 도움이 되었는지를 알 수 있어요."

서현이의 말이 끝나기 무섭게 민준이가 손을 들었다.

"미국은 그 당시 세금을 적게 거뒀기 때문에 나라에서 쓸 돈이 없었습니다. 그래서 복지나 환경에 돈을 쓰지 못했어요. 영국은 아예 복지 기금 자체를 줄였고요. 경제는 성장했지만 국민들의 생활은 더욱 힘들어졌습니다."

"경제가 성장하는 과정에서 어쩔 수 없는 일이었다고 생각합니다."

서현이가 민준이를 날카롭게 쏘아보며 말했다.

"그럼 경제가 성장하면 희생하는 사람들이 있어도 상관이 없다는 뜻인가요?"

"경제가 성장하는데 왜 희생을 해요? 힘든 시기를 지나면 모두가 다 잘 살게 될 텐데요."

"노르웨이나 스웨덴처럼 국가가 조금만 개입하면 되잖아요."

그때였다. 교실에 앉아 있던 아이들 사이에서 건우가 손을 들었다.

"아, 건우가 꼭 하고 싶은 말이 있나 보다. 다들 건우 이야기 한번 들어 볼까?"

선생님의 말씀에 건우는 자리에서 벌떡 일어섰다.

"저희 이모부가 스웨덴에 있는 자동차 회사에 다니셔서, 이모네 가족들이 스웨덴에서 살다가 오셨거든요. 그런데 이모 말씀으로는 스웨덴은 복지 혜택이 무척 좋은 대신 세금을 엄청 많이 내야 한대요. 우리나라에 오니까 오히려 세금을 적게 내서 좋다고 하시던데요."

말을 마친 건우가 얼른 자리에 앉았다.

"건우가 아주 좋은 이야기를 해 주었네요. 복지가 잘 갖추어진 사회 민주주의 체제의 특징 중 하나가 바로 무거운 세금이지요. 이 부분에 대해 어떤 생각을 가지고 있는지 한번 이야기해 볼까?"

두 팀의 아이들 모두 갑작스러운 건우의 발표에 대해 생각을 하느라 선뜻 손을 들지 못하고 있었다.

"흠, 좀 어려운 문제였나요?"

그때 가지고 있던 공책에 뭔가를 쓰고 있던 민준이가 마음을 먹은 듯 손을 들었다.

"제가 알기로는 많이 버는 사람은 그만큼 세금을 많이 내고, 적게 버는 사람은 적게 내는 걸로 알고 있습니다. 그리고 세금을 내면 그 복지 혜택은 나와 가족들에게 돌아옵니다. 버는 만큼 세금을 내면 그게 나를 위해 쓰이는데, 좀 많이 내면 어때요? 저라면 불만 없이 낼 것 같은데요."

민준이의 말을 듣던 우진이가 손을 번쩍 들었다.

"그렇게 따지면 모두가 다 세금을 많이 내야죠. 돈을 많이 번 사람들만 세금도 많이 내고 행복도 더 크게 가져가나요?"

우진이의 말에 민준이가 미간을 찌푸리며 손을 들었다.

"그게 바로 재벌 토론에서 이야기했던 분배적 정의죠. 돈을 많이 번 사람들은 투자를 받든, 국민들에게 지지를 받든, 분명히 누군가의 도움을 받았기 때문에 돈을 많이 번 것입니다. 그렇게 번 돈을 기업들이 알아서 국민들을 위한 일에 사용하면 좋겠지만, 자본주의 사회에서는 그러기가 어렵잖아요. 그러니 국가에서 세금의 형태로 돈을 받아서 어려운 사람들에게 골고루 혜택이 돌아가도록 사용하는 겁니다. 돈을 많이 번 사람들은 그 세금을 내고도 충분히 여유롭게 살 수 있을 겁니다. 그게 무슨 문제인가요?"

우진이는 여전히 불만스러운 표정이었고, 다른 아이들 역시 굳은 얼굴이었다.

선생님이 양 팀 아이들을 둘러보다 말문을 열었다.

"자본주의 사회는 자유로운 경제 활동을 통해 발전했습니다. 그렇지만 그러다 보니 기업은 제멋대로 경영을 하고, 사회는 불평등해지고, 분배적 정의는 실천이 되지 않는 등의 문제점들이 생겨났지요. 그러자 이런 문제점들을 국가의 개입으로 해결해야 한다는 움직임이 일어났습니다. 사실 국가의 개입과 자유로운 경제 활동은 여전히 많은 경제학자들의 논쟁거리가 되고 있습니다."

선생님은 민준이를 쳐다보며 말했다.

"그런 가운데 핀란드, 노르웨이, 스웨덴, 덴마크 등의 북유럽 국가들은 복지 제도를 잘 갖춘 사회 민주주의 국가를 만들었습니다. 이런 북유럽 국가들은 경제 성장과 복지 증진이라는 두 마리 토끼를 잡는 데 성공했다는 평가를 받곤 하는데요, 한편으로는 이런 강한 복지 제도로 급속한 인구 노령화에 어떻게 대비할 수 있을지 우려하고 있기도 한 상황입니다."

아이들은 아무 말없이 선생님의 말씀을 듣고 있었다.

"자, 그럼 이제 주제를 좀 바꾸어 봅시다."

## 자본주의, 대안은 있는가?

선생님이 두 손을 모아 쥐며 말했다.

"지금까지 자본주의라는 커다란 경제 체제에 대해서 이야기를 했다면 지금부터는 '자본주의의 대안은 존재할까?'라는 주제로 논의를 해 보도록 하겠습니다. 이번 주제는 여러 가지 이야기들을 해야 할 것 같아서 주제 토론은 생략하도록 하겠습니다."

선생님이 아이들을 둘러보며 말했다.

"서로 준비한 자료들이 무엇인지는 미리 이야기한 것으로 알고 있는데……?"

아이들이 고개를 끄덕였다.

"자, 그럼 '대안 필요' 팀이 먼저 발표를 시작하도록 합시다."

영지가 자료를 보면서 발표를 시작했다.

"저는 협동조합에 대해서 이야기를 해 보고 싶습니다. 원래 기업에는 투자를 하는 사람, 경영을 하는 사람, 그리고 그 기업의 제품을 사는 소비자, 이렇게 세 가지의 구성원이 필요합니다. 그런데 협동조합은 이 세 가지 구성원이 모두 같습니다. 협동조합에 참여하는 조합원 모두가 투자를 하고, 모두 함께 경영을 하고, 또 모두 함께 소비를 하는 것입니다."

"그게 어떻게 가능해?"

아이들은 이해할 수 없다는 듯 고개를 갸웃거렸다. 영지가 갑자기 사진 하나를 들어 올렸다. 세계적인 축구 선수 메시의 사진이었다.

"우와! 메시다!"

아이들, 특히 남자아이들 사이에서 환호성이 터져 나왔다.

"메시 하면 떠오르는 축구팀은 FC 바르셀로나인데요, 이 FC 바르셀로나는 약 19만 명의 축구 팬들이 돈을 모아 만든 협동조합입니다. FC 바르셀로나는 우리나라 돈으로 약 20만 원 정도를 내면 누구나 조합원이 될 수 있고, 18세 이상의 조합원이면 누구나 이사회에 참여할 수 있습니다. 그리고 이익이 생기면 선수들을 위해 시설을 개선하는 데 쓰지요. 축구팀의 행정과 관리 업무는 선수들이 직접 하고, 조합원들에게는 축구 경기의 입장료를 할인해 주거나 우선적으로 입장권을 구입할 수 있는 혜택을 주고 있습니다."

아이들 모두가 놀랍다는 표정으로 영지의 발표를 들었다.

"보통의 축구팀들은 기업이 운영을 하고, 수익금의 많은 부분을 기업이 가져갑니다. 뭐, 자본주의 사회에서 투자를 한 만큼 수익금을 가져가는 것은 당연한 일이니까요."

아이들이 고개를 끄덕였다.

"그렇지만 FC 바르셀로나는 협동조합이기 때문에 수익금의 대부분이 선수들과 조합원들에게 돌아갑니다. 조합원의 수가 워낙 많아서 조합원들이 가져갈 수 있는 몫은 그리 많지 않지만, 다들 별로 불만은 없습니다. 모두 수익금을 위해서가 아니라 진심으로 축구를 사랑하는 마음으로 투자를 한 것이니까요. 이와 같이 순수한 열정으로 뭉친 팀이기 때문에

FC 바르셀로나가 세계적인 명문 축구팀이 된 것이 아닐까 생각합니다."

아이들은 고개를 끄덕이며 영지의 이야기에 집중했다.

"만일 어느 기업과 협동조합이 물건을 팔고 똑같이 백만 원의 수익금이 생겼다고 생각해 볼게요. 그러면 기업은 이 수익금을 투자자인 주주들이 서로 나누어 가집니다. 그렇지만 협동조합에서는 각 협동조합의 성격에 맞는 일에 수익금을 쓰지요. 예를 들어 FC 바르셀로나처럼 축구 협동조합이면 시설 개선, 문화 사업 등에 쓰고, 사회적 협동조합이라면 장애인 고용 등에 쓰는 것입니다. 만일 이런 협동조합이 더욱 많아진다면 좋은 물건을 생산하면서 돈도 벌고, 사회적으로도 좋은 일을 많이 하기 때문에 더욱 행복한 사회가 될 거라 생각합니다."

영지가 발표를 마치자 아이들이 고개를 끄덕였다.

"자, 그럼 이번에는 반대 의견을 한번 들어 볼까요?"

선생님이 물었지만 준서와 서현이, 우진이 중 아무도 손을 드는 사람이 없었다.

"반대 의견 없나요?"

서현이가 급하게 손을 내저으며 말했다.

"아니요, 그게 아니라, 이번 주제에 대해서는 상대 팀의 이야기를 끝까지 들어 본 후에 반대 의견을 말하기로 했어요."

"아, 그래? 그러면 계속해서 발표를 해 봐야겠네요. 그럼 다음 주제에 대해 누가 이야기해 볼까?"

민준이가 손을 들었다.

"저는 공정 무역에 대해서 이야기해 보겠습니다. 공정 무역을 쉽게 생각하면 말 그대로 공정한 무역입니다."

아이들 사이에서 피식거리는 웃음소리가 들려왔다.

"커피는 전 세계적으로 가장 많은 사람들이 선호하는 차입니다. 이 커피를 만들기 위해서는 커피 열매가 필요한데, 커피 열매가 많이 나는 곳은 아프리카입니다. 아프리카의 노동자들은 하루 종일 커피 열매를 따는 일을 하지만 돈을 많이 벌 수 없습니다. 왜냐하면 커피를 수입하는 선진국에서 말도 안 되게 싼 가격으로 커피를 사기 때문입니다. 우간다산 커피의 경우, 노동자들에게 돌아가는 돈은 커피 전체 가격의 0.5퍼센트에 불과하다고 합니다. 만일 커피 한 잔이 5천 원에 팔린다면 노동자에게는 25원이 돌아가는 셈이지요."

"말도 안 돼."

아이들이 또다시 술렁거렸다.

"원래 무역은 나라와 나라가 동등한 관계에서 해야 합니다. 그렇지만 가난한 나라와 선진국이 무역을 하게 되면, 선진국이 거래를 주도하면서 자기들이 원하는 싼 가격으로 물건을 사게 됩니다. 이런 일을 막기 위해 생겨난 국제 사회적 운동이 바로 공정 무역입니다. 대표적인 공정 무역의 품목은 앞서 이야기한 커피와 초콜릿, 설탕, 축구공 등이 있습니다."

"축구공이 왜?"

아이들 사이에서 또다시 웅성거리는 소리가 들려왔다. 민준이는 아이들을 둘러보더니 가지고 있던 자료 중에서 한 장을 꺼내 읽었다.

"전 세계 축구공의 대부분은 중국, 파키스탄, 인도, 태국에서 만들어집니다. 그리고 이 축구공들은 기계가 아닌 사람의 손으로 만들지요. 보통 한 사람이 하루 4~6시간 동안, 오각형, 육각형의 조각들을 약 1,600번이 넘게 바느질을 해야 축구공 하나가 만들어집니다. 인도를 기준으로 했을 때, 이렇게 축구공 하나를 만들면 노동자가 받는 돈은 12루피, 우리 나라 돈으로 310원입니다. 그리고 축구공을 바느질하는 노동자들 중에는 다섯 살에서 열네 살까지의 어린이들이 아주 많다고 합니다."

> **공정 무역 단체와 공정 무역 제품 판매처**
>
> 전 세계에는 세계 공정 무역 기구, 공정 무역 옹호 사무국, 페어 트레이드 인터내셔널 등 다양한 공정 무역 단체가 설립되어 운영되고 있다. 이들 단체에서는 가난한 나라의 노동자들에게 교육을 하고, 스스로 권리와 이익을 찾을 수 있도록 돕고 있다. 또한 공정 무역 인증 마크를 만들어 소비자들이 공정 무역 제품을 쉽게 찾을 수 있도록 하고 있다. 우리나라에서는 아름다운 가게, 두레 생협 등 여러 곳에서 공정 무역 제품을 판매하고 있다.

"세상에……."

아이들은 놀라워하며 탄성을 질렀다.

"가난한 나라들이 무역을 통해 가난에서 벗어날 수 있도록, 그리고 어린이들이 더 이상 심한 노동에 시달리지 않도록 하기 위해 시작된 것이 바로 공정 무역입니다. 공정 무역이 이루어지려면 노동자들이 무역에 대해 교육을 받고, 자립할 수 있도록 노력해야 합니다. 그리고 선진국은 가

난한 나라와 무역을 할 때 양심적으로 임해야 합니다. 그렇지만 그 무엇보다 중요한 것은 소비자들이 이런 현실을 알고 공정 무역 제품을 찾아 구입해야 한다는 것입니다."

민준이가 입술을 꾹 깨물며 발표를 마쳤다.

"자, 그럼 이번에는 혜린이 차례인가?"

선생님이 혜린이를 쳐다보았다.

"저는 공유 경제에 대해 이야기해 보겠습니다. 자본주의 사회에서는 돈이든 집이든 차든, 내 것일 때 의미가 있다고 생각하지요. 그렇지만 공유 경제는 이미 가지고 있는 내 것을 다른 사람들과 함께 나누는 것입니다."

아이들이 도무지 이해할 수 없다는 듯 고개를 갸웃거렸다.

"'에어비앤비(Airbnb)'라는 회사가 있습니다. 이 회사는 인터넷이나 스마트폰을 이용해 집을 가지고 있는 사람과 집을 필요로 하는 사람을 연결해 주고 있습니다. 그리고 '쏘카(Socar)'라는 회사도 있습니다. 이 회사는 차를 나누어 쓰도록 해 주는 회사입니다."

"무슨 말이야?"

아이들은 이해할 수 없다는 듯 고개를 갸웃거렸다.

"쏘카는 차가 필요한 사람에게 쉽고 간단한 방법으로 차를 빌려줍니다. 기존 차량 대여 업체보다 가격도 싸고, 대여 시간도 최소 30분부터 가능하고, 자기와 가까운 지역에서 예약한 차를 찾아 탈 수 있어 편리합니다."

아이들은 그제야 고개를 끄덕였다.

"쏘카도 결국 차를 빌려주는 회사 아닌가?"

우진이가 중얼거리듯 말했다. 혜린이는 고개를 끄덕이며 말했다.

"물론 차를 빌려주는 대여업, 맞습니다. 하지만 '쏘카 페어링'이라고 개인이 사용하지 않는 차를 필요한 사람에게 빌려주는 일도 시행하고 있습니다. 공유 경제는 집과 차를 가지고 있는 일반인이 '내 집과 차를 다른 사람들과 함께 사용하겠다.'며 내놓는 방식으로 공유 경제의 기본은 '주는 문화'입니다. 누가 얼마를 가지고 있느냐가 아니라 내 것을 얼마나 내놓을 수 있느냐는 것이지요."

그제야 아이들이 고개를 끄덕였다.

"그리고 공유 경제는 눈에 보이지 않는 가치도 함께 나눌 수 있습니다. '위티치미(WeTeachMe)'라는 사이트는 누군가를 가르치고 싶지만 공간이 없어 가르칠 수 없는 사람과 꼭 배우고 싶은 사람을 서로 연결해 줍니다. 그 외에도 어차피 쓰지 못하면 버려지는 태양열을 나눈다든가, 집에서 너무 많이 만든 음식을 공유하는 등 다양한 분야의 공유 경제 사이트와 어플이 만들어지고 있습니다."

혜린이는 자료를 한 장 넘기며 발표를 이어 갔다.

"빌리는 사람은 적은 비용으로 꼭 필요한 물품을 사용할 수 있고, 빌려주는 사람은 사용하지 않는 물품을 다른 사람들과 함께 나눌 수 있기 때문에 공유 경제는 경제적, 사회적으로 큰 의미를 갖고 있습니다. 2013년 국제 공유 경제 규모는 17조 원에 달했고, 매년 꾸준히 증가해서 2025년에는 390조 원이 넘을 것이라고 합니다. 서로 나누고 함께 하는 것에서 큰 의미를 찾는 공유 경제가 활발해진다면 내 것을 주장하며 서로 다투느라 각박해진 자본주의 사회의 좋은 대안이 될 수 있을 거라 생각합니다."

혜린이가 자료를 내려놓으며 발표를 마쳤다.

"자, 지금까지 협동조합, 공정 무역, 공유 경제라는 세 가지 이야기를 들어 보았습니다. 생산자와 운영자, 소비자가 함께 하는 회사인 협동조합, 그리고 불공정한 무역으로 피해를 입고 있는 나라를 가난에서 벗어날 수 있도록 하는 공정 무역, 내 것을 함께 나누어 사용하는 공유 경제가 자본주의 사회에 대안이 될 수 있을 거라고 주장했는데요, 이에 대한 반대 의견이나 질문이 있으면 한번 말해 볼까요?"

서현이가 싱긋 미소를 지었다. 그러고는 번쩍 손을 들었다.

"저는 이 세 가지 모두에 대해 한꺼번에 반대 의견을 말하려고 해요."

"한꺼번에 반대 의견을?"

선생님은 흥미로운 듯 미소를 지었다.

"협동조합이든 공정 무역이든 공유 경제든 이윤이 없으면 아예 유지가 될 수 없습니다."

몇몇 아이들이 '아!' 하고 소리쳤다.

"협동조합에서 발생되는 이익금을 사회적 사업에 쓴다고 했잖아요. 이 말은 곧 어떻게든 이익금이 나오도록 사업을 해야 한다는 뜻이지요. 그리고 공정 무역은 가난한 나라의 노동자들이 더 많은 이윤을 남길 수 있도록 해 주자는 것이고, 공유 경제도 마찬가지예요. 물건을 내놓는 사람과 빌리는 사람이 직접 거래를 하는 것이 아니라 가운데에 공유 경제 사이트가 있잖아요. 공유 경제 사이트를 이용할 때는 일정한 금액을 지불해야 하는데, 이 금액은 고스란히 사이트를 운영하는 회사의 이윤이 되지요. 이렇게 이윤을 남기면서 자본주의의 대안이라고 하는 것은 좀 아닌 것 같습니다."

서현이의 발표가 끝나자 영지가 손을 들었다.

"물론 이윤이 있어야 합니다. 이윤이 없으면 운영을 못 하는데요?"

너무나 여유로운 영지의 표정에 혜린이는 마음이 느긋해졌다.

"지금의 기업들은 이윤이 생기면 투자를 한 사람들끼리 나누잖아요? 그렇지만 협동조합이나 공정 무역, 공유 경제는 그렇지 않습니다. 이런 사업들은 전 인류적으로 함께 나누고 함께 행복해진다는 데 의미가 있으니까요. 단순히 이윤을 남기는 것을 목적으로 하는 것이 아니라 돈을 버는 과정에서 가치를 찾아가는 것이지요."

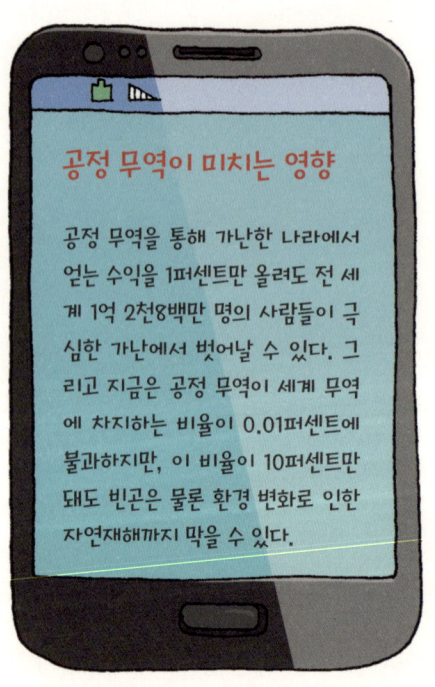

공정 무역이 미치는 영향

공정 무역을 통해 가난한 나라에서 얻는 수익을 1퍼센트만 올려도 전 세계 1억 2천8백만 명의 사람들이 극심한 가난에서 벗어날 수 있다. 그리고 지금은 공정 무역이 세계 무역에 차지하는 비율이 0.01퍼센트에 불과하지만, 이 비율이 10퍼센트만 돼도 빈곤은 물론 환경 변화로 인한 자연재해까지 막을 수 있다.

영지의 말이 끝나기 무섭게 우진이가 손을 번쩍 들었다.

"저는 공정 무역에 대한 질문인데요, 공정 무역을 좀 간단하게 말하면 싼 물건을 비싸게 사 주자는 거잖아요. 그렇게 되면 물건의 값이 계속 올라가고, 세계 경제에 좋지 않은 영향을 끼치게 되는 것 아닌가요?"

민준이가 고개를 끄덕이며 손을 들었다.

"공정 무역의 기본은 두 나라가 동등한 위치에서 무역을 하자는 것입니다. 지금까지 우리가 싸게 물건을 샀던 건 강한 나라에서 가격을 마음대로 싸게 매겼기 때문입니다. 그러니 공정 무역 제품을 사게 되면 싼 물건을 비싼 가격에 사는 것이 아니라, 불공정한 가격으로 샀던 물건을 공정한 가격으로 사게 되는 것이라 생각하면 됩니다. 이런 공정 무역의 의미를 단지 물건 가격으로 매길 수 있을까요?"

"그래도 비싸게 사는 건 싫은데……."

우진이는 못내 아쉬운 듯 작게 중얼거렸다.

"또 다른 의견 있는 사람?"

선생님의 말에 서현이가 다시 손을 번쩍 들었다.

"제가 가장 의문이 많았던 것은 바로 공유 경제예요."

순간 서현이와 혜린이의 눈빛이 쨍 하고 부딪쳤다.

"공유 경제가 모두와 함께 나누는 것이 목적이라고 하지만, 많은 사람들에게 피해를 주고 있는 것을 알고 있나요? 실제로 공유 경제가 커지면서 호텔이나 택시 업체는 큰 타격을 입었다고 해요. 좋은 의미로 사업을 한다고 해 놓고, 다른 산업에 피해를 끼치는 건 너무 이기적인 것 아닌가요?"

"그건 경쟁이죠. 어차피 자본주의는 자유로운 경쟁이 있어야 하잖아요? 그런데 경쟁에서 지고 있다면 자신들도 경쟁에서 이길 수 있는 다른 방법을 찾아봐야 한다고 생각합니다."

"지금까지 자유로운 경쟁이 자본주의의 문제점이라고 했잖아요?"

혜린이는 고개를 끄덕였다.

"그랬습니다. 그렇지만 지금은 자본주의를 한꺼번에 뒤집어엎는 것이 아니라 그 안에서 대안을 마련해 보자는 거잖아요. 그러려면 자유로운 경쟁은 피할 수가 없지요."

서현이와 혜린이 사이에 또 한 번 날카로운 눈빛 교환이 이루어졌다.

"자, 다른 반대 의견 있나요?"

선생님이 시계와 아이들을 번갈아 쳐다보며 물었다. 아마도 시간이 많이 흐른 모양이었다. 아이들은 아무도 손을 들지 않았다.

"역시 마지막 시간이라 그런지 모두 열심히 준비해 왔네요. 대안 필요 팀에서는 협동조합, 공정 무역, 공유 경제가 자본주의 사회의 문제점을 해결할 수 있는 대안이 될 거라고 제시해 주었고요, 자본주의 유지 팀에서는 이 모든 대안도 역시 이윤이 있어야 하고, 경쟁을 피할 수 없으므로 완벽한 대안이라고는 할 수 없다는 의견을 내놓았어요."

토론 팀 아이들도, 앉아 있던 아이들도 모두 고개를 끄덕였다.

"자, 이제 이 토론을 마무리해야 할 시간이 온 것 같은데요, 각 팀이 준비한 마무리 발표를 들어 보겠습니다."

## 자본주의의 숙제

우진이가 손을 들었다.

"문명이 시작된 이후 인류는 계속해서 발전을 했고, 그 발전의 결과로 생겨난 것이 자본주의입니다. 한국 전쟁 이후 자본주의를 받아들인 우리나라는 세계 여러 나라와 교류하고 경쟁하면서 눈부신 발전을 이루었습니다. 이처럼 우리가 가난을 딛고 풍족해질 수 있었던 이유는 바로 자본주의 덕분입니다."

우진이는 전에 없이 진지한 목소리로 발표를 이어갔다.

"그런데 그런 자본주의가 돈만 최고라고 여기는 경제 체제라고 하는 사람들이 있습니다. 물론, 세상에는 완벽한 것이 없기 때문에 크고 작은 문제점들은 있을 수 있습니다. 그렇지만 과거와 지금이 다르듯 미래의 자본주의도 그 모습이 다를 것입니다. 왜냐하면 지금의 문제점들을 고쳐 가며 더 좋은, 그리고 더 발전된 자본주의를 완성하게 될 것이기 때문입니다. 만약 문제점이 조금 있다고 해서 자본주의를 버린다면 지금까지 애써서 발전시켜 놓은 모든 것을 포기하는 일이 될 것입니다."

우진이가 들고 있던 자료를 책상 위에 내려놓았다. 선생님이 민준이와 혜린이, 영지를 쳐다보았다.

"이쪽 팀은 누가 마무리 발표하기로 했지?"

영지가 손을 들었다.

"자본주의 사회에서는 숨 쉬는 것 말고는 모든 일에 다 돈이 필요합니

다. 그렇기 때문에 누구든 돈을 벌기 위해 일을 해야만 합니다. 그렇지만 모두가 일한 만큼 정당하고 충분한 대우를 받지는 못합니다. 조금 불공평하지만 어쩔 수 없는 일입니다. 사회가 이러니 돈이 있으면 권력도 지위도 얻게 되고, 돈이 없으면 인권도 행복도 잃게 됩니다. 이것이 바로 우리가 살고 있는 자본주의 사회의 모습입니다."

영지는 숨을 한 번 몰아쉬고 발표를 이어 갔다.

"그렇지만 우리는 이미 이런 자본주의 사회에 너무나 익숙해져 있습니다. 우리는 모두 꿈을 가지고 있습니다. 그런데 그 꿈이라는 것도 하는 일의 종류만 조금 다를 뿐, 일을 하고 돈을 버는 모습입니다. 우리는 어른이 되어서도 자본주의 사회를 살아가게 될 것입니다. 그런데 모든 가치의 위에 돈이 있는 지금과 같은 사회를 살아가게 된다면 정말 힘이 들 것 같습니다. 아무리 강조하고 또 강조해도 돈보다는 사람이 먼저입니다. 돈이 많아 행복한 사회가 아니라 사람이 존중받아 행복한 사회가 되어야 한다고 생각합니다."

영지가 발표를 마치고 나니 혜린이는 왠지 몸에 힘이 쭉 빠지는 것만 같았다. 다른 아이들도 모두 몸을 의자에 기댄 채 생각에 잠긴 표정이었다.

"마무리 발표까지 모두 끝이 났네요. 첫 시간부터 지금까지 자본주의를 주제로 한 다섯 번의 토론은 이렇게 끝이 났습니다."

아이들은 조용히 선생님의 이야기에 집중했다.

"이번 기회를 통해 모두들 '자본주의'라는 경제 체제에 대해 많은 생각을 해 보았을 거라고 생각합니다. 지금까지 토론을 준비했던 친구들, 그리고 토론을 잘 경청하고 좋은 반응을 보여 주었던 친구들 모두 진지하게 참여해 주어서 이 시간이 더욱 빛났습니다. 모두에게 고생했다는 의미로 박수 한번 크게 치고 토론 수업을 마치도록 하겠습니다."

선생님의 말씀에 아이들이 환호성을 지르며 박수를 쳤다.

곧이어 수업이 끝나는 종소리가 들렸다. 아이들은 약속이라도 한 것처럼 자리에서 벌떡 일어나 분주히 움직였다. 그렇지만 혜린이는 한동안 자리에서 일어날 수가 없었다. 자꾸만 머릿속 어딘가에서 '우리는 어른이 되어서도 자본주의 사회를 살아가게 될 것입니다.'라는 말이 맴돌았다. 어쩌면 혜린이는 지금까지 토론을 준비하면서도 '내 일'이라는 생각을 깊이 하지는 못했던 것 같았다.

"혜린아, 같이 가자!"

수업이 끝나고 교실을 나서려는데, 서현이가 다가와 혜린이의 팔에 팔짱을 끼었다.

"혜린아, 너 설마 나한테 화난 거 아니지?"

"으응? 왜? 너 뭐 나한테 잘못한 거 있냐?"

혜린이는 한쪽 눈을 찡긋거리며 서현이를 쳐다보았다.

"그럼 그렇지. 역시 토론할 때의 오혜린은 다른 때와는 다르다니까."

"치……."

신발을 갈아 신고 교문을 향해 나서는데, 서현이가 두 손을 머리 위로 번쩍 올리며 소리쳤다.

"아! 이제 진짜로 끝났다!"

"너, 엄청 좋아한다."

"왜? 넌 기분이 별로야?"

"아, 아니……. 그런 건 아닌데, 아까 토론 끝나고 나서 여러 가지 생각이 들었거든. 난 솔직히 토론을 하면서도 나와 자본주의는 별로 상관이 없다고 생각했는데 아까 영지가 그랬잖아. 나중에 어른이 되면 자본주의 사회를 살아가게 될 거라고……. 그 얘길 들으니까 이게 정말 내가 살아가는 우리 사회의 이야기구나 싶은 생각이 막 들고……."

"응, 알 것 같아. 이렇게 돈이 중요한 세상에서 살아가는 게 참 힘들겠다는, 뭐 그런 생각 말이지?"

혜린이가 고개를 끄덕였다.

"나도 비슷한 생각을 하긴 했어. 그런데 난 아까 우진이의 말도 일리가 있는 것 같아. 우리가 커서 어른이 될 때쯤엔 문제점도 많이 해결되고, 많이 발전할 테니까……."

서현이의 말에 혜린이가 갑자기 고개를 절레절레 저었다.

"왜? 왜 그래?"

서현이가 깜짝 놀라 혜린이를 쳐다보았다.

"아, 네가 그렇게 말하니까 막 반대 의견 말하고 싶어져."

"푸하하하하!"

서현이가 골목이 쩌렁쩌렁 울릴 만큼 큰 소리로 웃었다. 그 소리에 혜린이도 덩달아 기분이 좋아졌다.

물론 지금 혜린이의 머릿속에 들어온 물음표가 쉽사리 사라지지는 않을 게 분명했다. 그렇지만 그 물음표 덕분에 지금까지 막연하게 '이런 사람이 되고 싶다.'라고 생각했던 꿈이 '우리가 살아가는 사회에서 좋은 역할을 해 나가는 사람이 되고 싶다.'로 조금은 명확하게 바뀔 것 같기도 했다. 잘은 모르겠지만, 토론을 하는 동안 생각의 키가 부쩍 자라난 것 같았다.

## 함께 정리해 보기
### 자본주의, 이대로 괜찮은가?

| 자본주의 유지 | 논쟁이 되는 문제 | 대안 필요 |
|---|---|---|
| 많은 경제 체제들이 사라지고 자본주의만 남은 것은 그만큼 발전된 경제 체제이기 때문이다. | 자본주의는 유지돼야 할까? | 이미 사회 곳곳에서 빈부 격차, 실업자 증가 등과 같은 자본주의의 문제점과 한계가 드러나고 있다. |
| 자본주의는 자유로운 시장 경제 체제에서 발전되어 왔다. 국가의 개입은 경제의 자유를 빼앗는 것이다. | 경제 활동에 국가의 개입은 필요한 것일까? | 국가가 조금만 개입하면 폭넓은 복지가 가능해지고 자본주의의 문제점들이 해결될 수 있다. |
| 대안으로 내세우는 방법들도 모두 이윤이 없으면 유지될 수 없으므로 결국 자본주의의 대안이 될 순 없다. | 자본주의의 대안은 존재할까? | 협동조합, 공정 무역, 공유 경제 등은 돈을 버는 과정에서의 가치를 중요시하므로 자본주의의 대안이 될 수 있다. |